ドイツサッカーを観に行こう!
ブンデスリーガ×ドイツ語

瀬田 元吾

SANSHUSHA

はじめに Vorwort

　2010年、ドイツサッカー界で「日本人革命」とも言える現象が起きました。ドイツ人の生活の中心でもあるサッカー・プロリーグのブンデスリーガで、日本人選手が話題を集めました。香川真司選手がセレッソ大阪からボルシア・ドルトムントへ加入し、前期だけで8ゴールを挙げ、ブンデスリーガの前期ベストプレーヤーに選出されたのです。ドイツではまったく無名だった日本人が、瞬く間にドイツで最も有名な選手へと飛躍した様は、ドイツ国内だけでなく、ヨーロッパ中に大きな衝撃を与えました。また、不運な怪我を乗り越えて挑んだ2シーズン目でも、チームの中心選手としてリーガ連覇に貢献し、名実共にドイツで最も優れた選手の1人と言われるまでに成長しました。2010年夏、鹿島アントラーズからシャルケ04に加入し、主力としてヨーロッパチャンピオンズリーグでベスト4進出という快挙を成し遂げた内田篤人選手も、この話題の一躍を担いました。日本人選手はもともと技術と運動量を持ち合わせていましたが、彼らの活躍もあり、その評価がヨーロッパの市場で確固たるものとなりました。

　今では、ドイツで日本人選手がプレーするのが当たり前となりました。そんな日本人海外組の活躍を現地で観戦したいという日本人のサッカーフリークも急増しており、ツイッターやブログなどのソーシャルネットワークでも、ドイツサッカーの話題が飛び交っています。現地ブンデスリーガクラブのフロント業務に従事している私の元にも、毎週のように様々な問い合わせが来ています。本書は、ドイツサッカーやブンデスリーガ自体はよく分からない、でもとにかくドイツで頑張る日本人選手の姿が見たい、そんな方々が簡単なドイツ語に触れながら、安心してドイツ旅行を計画・実行できる構成になっています。

　みなさんが「ブンデスリーガ」を通じ、ドイツ旅行を十二分に堪能し、そしてまた来たいと思っていただけることを期待しています。そして、この一冊がみなさんのドイツ滞在のお供となれれば幸いです。

もくじ Inhaltsverzeichnis

Kapitel 1 Vorbereitung
ドイツへ行く前に 008

1 クラブのホームページをチェック 011

2 観戦チケットについて 015
- 2-1 ブンデスリーガのチケット販売の仕組み 016
  - ① シーズンチケット 016
  - ② クラブ会員先行販売 017
  - ③ 一般先行販売・当日券 018
- 2-2 チケットの入手方法 019
  - ① ファンショップ、チケット先行販売所で直接購入 020
  - ② チケットオンラインでの購入 023
    - ・購入する試合の選択 024
    - ・場所の選択 026
    - ・登 録 029
    - ・請求書の住所確認 031
    - ・支払い方法の選択 032
    - ・チケットの受け取り方法 033
    - ・注文内容の確認 034
    - ・オンライン購入についてのQ＆A 035
- 2-3 公共交通機関いろいろ 043
  - ① 電車の種類について 043
  - ② 乗車券について 045
  - ③ お得情報 047

Kapitel 2 Viel Spaß außer dem Stadion
スタジアムの外での楽しみ 048

1 テレビ観戦 050
- 1-1 有料放送SKY 050
- 1-2 ブンデスリーガの試合時間 051
- 1-3 ホテルの部屋でブンデスリーガをチェック 052

- **2 練習を見学に行こう!** 054
  - 2-1 見学に行く前に確認 054
  - 2-2 見学中に気をつけること 055

- **3 新聞と雑誌** 056
  - 3-1 BILD 056
  - 3-2 KICKER 057

Kapitel 3 Viel Spaß um dem Stadion
スタジアム観戦を楽しむ 058

- **1 基本単語あれこれ** 062
  - 1-1 交通機関 062
  - 1-2 スタジアム周辺 064
  - 1-3 スタジアムのなか 066

- **2 簡単な表現あれこれ** 068
  - 2-1 何かが欲しいとき、何かをしたいとき 069
  - 2-2 困ったときのBitte! 071

- **3 疑問詞をつかった表現** 072

- **4 中央駅・ホテルからスタジアムまで** 074
  - 4-1 スタジアムへタクシーで行く 075
  - 4-2 スタジアムへ電車で行く 077

- **5 スタジアムで** 079
  - 5-1 持ち物チェック 079
  - 5-2 持ち物チェックのときに知っておきたいドイツ語 081

- **6 スタジアム内での買い物** 083
  - 6-1 スタジアム新聞/雑誌 083
  - 6-2 ファングッズ 084
  - 6-3 売店 087

- **7** チケットの見方　090
- **8** アウェーサポーターエリア　091
  - 8-1 アウェー席　091
  - 8-2 アウェーファンのための臨時列車　092
- **9** スタジアムで120%楽しむために　094
  - 9-1 ドイツ人サポーターとコミュニケーション　094
  - 9-2 簡単なサッカー用語あれこれ　100
- **10** クラブ別の代表的な応援歌　102
  - 10-1 オーソドックスなファンソング・掛け合い　103
  - 10-2 名門クラブのファンソングあれこれ　105

Kapitel 4　KENNENLERNEN

ブンデスリーガを知ろう　110

- **1** ドイツサッカーとは——ドイツサッカー史　112
  - 1-1 ドイツ初のサッカークラブ　112
  - 1-2 DFBの誕生　112
  - 1-3 ドイツサッカー成長の軌跡　113
- **2** ブンデスリーガ創設期　114
- **3** ドイツサッカー栄光と衰退、新時代の幕開け　115
  - 3-1 ベッケンバウアー率いる常勝軍団ドイツ　115
  - 3-2 高齢化と世代交代の失敗　115
  - 3-3 育成改革に成功・ドイツサッカー新時代の幕開け　116
- **4** データで見るドイツサッカー・ブンデスリーガ　117
  - 4-1 国（サッカー協会）別FIFAランキングに見るドイツ　117
  - 4-2 リーグ別UEFAランキング　118
  - 4-3 ヨーロッパのクラブランキング　120
  - 4-4 観客動員数　122
  - 4-5 サッカー大国ドイツ　123

5 地域クラブ分布 126
- 5-1 ハンブルク地域 126
- 5-2 ベルリン地域 127
- 5-3 デュッセルドルフ地域 127
- 5-4 フランクフルト地域 128
- 5-5 ミュンヘン地域 129

6 ブンデスリーガの特徴 130
- 6-1 ブンデスリーガ参入規定 130
- 6-2 シーズンとチームの入れ替え 131

Anhang Schon gewusst?
知ってる? 132

1 ダービー 132
2 ユニフォームについている☆の意味 132
3 ブンデスリーガ初代覇者 133
4 前季覇者のブンデスリーガロゴの色 134
5 クラブ名に付く数字の意味 134
6 クラブ名の中に含まれているアルファベットの意味 135

名詞の前の冠詞について

ドイツ語の名詞には、文法上の姓(男性・女性・中性)があります。本書では、それぞれの名詞につく冠詞を名詞の前につけています。また発音は省略しています。

der [デア] 男性名詞

die [ディ] 女性名詞

das [ダス] 中性名詞

複数形で使われる名詞や複数形も提示している名詞は、*pl.* で示しました。

Kapitel 1

Vorbereitung

ドイツへ行く前に

ドイツへ行こう！ ブンデスリーガの試合を観に行こう!! そう思ったとき、まずはどこのクラブの試合を観に行こうかなと考えますよね。そこで、まずは各ブンデスリーガクラブのホームページの見方を紹介します。そして世界で最も観客動員数が多いと言われるブンデスリーガの観戦チケットが、どのような仕組みで販売されているのか、さらにどうすれば購入できるのかをご紹介します。お目当てのクラブの情報が手に入り、そのクラブの観戦チケットが手に入れば、ブンデスリーガ観戦旅行の目的はほぼ達成ですよね。

　正直なところ、人気クラブの観戦チケット購入は難しいですが、決して不可能ではありませんし、安心してチケットを入手する方法も提案していますので、参考にしてみてください。

| Kapitel 1 | Vorbereitung | ドイツへ行く前に |

1 クラブのホームページをチェック

　まずはお目当てのクラブのホームページを開いてみましょう。もちろんドイツ語です。ちょっと億劫になってしまうかもしれませんが、これからドイツに行くのですから、思い切って事前にドイツ語に触れ、本場の雰囲気を味わってみましょう。項目のドイツ語だけでも分かれば、スタジアムや練習場の場所、練習時間、選手の名前、試合日程など、最低限の情報は入手できるはずです。多くのブンデスリーガ1部クラブは英語のサイトを持っていますし、バイエルンのように日本語のサイトを持っているクラブもあります。

　ここではホームページの上部のメニューバーに記載されているカテゴリーのドイツ語を中心に、少し細かい部分のドイツ語まで紹介します。

NEWS / NACHRICHTEN ニュース　ナッハリヒテン	ニュース・情報
AKTUELL アクトゥエル	最新情報
SAISON ゼゾン	シーズン
MANNSCHAFTEN / TEAMS (*pl.*) マンシャフテン　　　　ティームス	チーム
PROFIS / 1. MANNSCHAFT プロフィス　エアステ マンシャフト	トップチーム
KADER / SPIELER カーダー　シュピーラー	登録選手
SPIELPLAN シュピール・プラン	日程表
SPIELBERICHTE シュピール・ベリヒテ	試合レポート
SPIELTAG シュピール・ターク	試合開催日 ＊今節の試合という意味で用いられることが多い

| 011

| 1 | クラブのホームページをチェック |

TABELLE
タベレ

順位表

SIEG
ズィーク

勝ち

NIEDERLAGE
ニーダーラーゲ

負け

UNENTSCHIEDEN
ウンエントシーデン

引き分け

TORE（*pl.*）
トァレ

得点

TORDIFFERENZ
トア・ディフェレンツ

得失点差

PUNKTE（*pl.*）
プンクテ

勝ち点

AUSWÄRTS
アウスヴェルツ

アウェー

HEIM
ハイム

ホーム

HINRUNDE
ヒンルンデ

前期

RÜCKRUNDE
リュックルンデ

後期

TERMINE
テルミーネ

日程、予定、スケジュール

TRAININGSPLAN
トレーニングス・プラン

練習日程

TRAININGSZEITEN
トレーニングス・ツァイテン

練習時間

TRAININGSLAGER
トレーニングス・ラーガー

キャンプ、合宿

| Kapitel 1 | Vorbereitung | ドイツへ行く前に |

STADION / ARENA
シュターディオン　アレーナ

スタジアム/アリーナ

TRAININGSPLATZ / TRAININGSGELÄNDE
トレーニングス・プラッツ　トレーニングス・ゲレンデ

練習場/トレーニング場

FOTOGALERIEN
フォトガレリーエン

フォトギャラリー

NACHWUCHS（ZENTRUM）
ナッハヴクス（ツェントゥルム）

育成（センター）

LEISTUNGSZENTRUM
ライストゥングス・ツェントゥルム

ユースセンター、ユースアカデミー

VEREIN
フェライン

クラブ（協会）

MITGLIEDER（*pl.*）
ミットグリーダー

会員

| 1 | クラブのホームページをチェック |

HISTORIE
ヒストリーエ

歴史、ヒストリー

TICKETS / TICKETING
ティケッツ　　ティケッティング

チケット

VORVERKAUFSSTELLE
フォアフェアカウフス・シュテレ

先行販売所

SPONSORING / SPONSOREN
シュポンゾーリング　シュポンゾーレン

スポンサー（シップ）

SHOP
ショップ

ショップ

MUSEUM
ムーゼウム

ミュージアム

TOUREN
トゥーレン

ツアー
＊スタジアムツアーなど

| Kapitel 1 | Vorbereitung | ドイツへ行く前に

2 観戦チケットについて

「希望する試合のチケットは手に入るのだろうか」と不安に思っていませんか?

観戦チケットさえ入手してしまえば、その日程に合わせて行程を決められますから、まず観戦チケットをどうやって手配するかが重要になります。

実際、ブンデスリーガの人気クラブの観戦チケットを入手するのはとても難しいです。人気クラブの試合は、発売されるとすぐに売り切れてしまいますが、人気のあまりない対戦カードであれば、当日でも観戦チケットは購入できます。

ブンデスリーガのチケット販売の仕組みとチケットの入手手段について見てみましょう。

2-1 ブンデスリーガのチケット販売の仕組み

ブンデスリーガのチケット販売には優先順位があります。優先されるものから順番に見てみましょう。

① シーズンチケット（ホーム17試合分）

まずは昨シーズンにシーズンチケットを保有していた人に、そのチケットを延長する権利があります。人気クラブの場合、ほとんどの人が延長をするため、まず新規で購入することはできません。ウェイティングリストが存在するクラブがあるほどです。

ブンデスリーガ1部では、平均すると観戦チケット販売の約58％がこのシーズンチケットで占められています。もちろんクラブ側としても、シーズン開幕前に1年分のチケットを販売できるのは、財政的には非常に都合がいいのですが、少しでも多くの人にスタジアムに足を運んでもらうために、一定数でシーズンチケットの販売は打ち切り、残りの約42％を毎試合ごとに販売するのです。

② クラブ会員先行販売

　一般販売の前に、各クラブの会員のための先行販売があります。人気クラブの場合、この特権欲しさに入会しているようです。会員になることでそのクラブの「ファミリー」としてアイデンティティを持って応援するようになるだけでなく、優先的に観戦チケットを購入する権利を得るのです。シーズンチケットを長年保持している人が多くいるため、新規でシーズンチケットが購入できないファンにとっては、会員になるメリットは絶大です。

　会員への先行販売は、一般販売の約1〜2週間前に行われます。ホームページや会員メールで事前に知らされるので、会員先行販売開始日には、会員からの注文が殺到します。人気クラブの観戦チケットを入手したい場合は、思い切ってクラブの会員になることも一つの方法でしょう。クラブによって年会費の額はまちまちです。例えば、バイエルンは60ユーロ、ドルトムントは62ユーロ、シャルケは50ユーロです（ジュニア割引、シニア割引、家族割引などもあります）。本当に観戦チケットを購入したいファンにとってはお安いものかもしれません。生涯会員という制度を設けているクラブもあります。生涯会員の会費の価格は、それぞれのクラブの創設年の数字から設定していることが多く、例えばドルトムントなら1909年創設なので1909ユーロ、フォルトナなら1895年創設なので1895ユーロです。遊び心を感じませんか？

　オフィシャルファンショップでのグッズの会員割引や、アウェーゲームのチケット購入もできます。アウェークラブへ割り当てられるチケット枚数が限られているので、会員でないと購入できないこともよくあります。

③ 一般先行販売・当日券

　シーズンチケットと会員先行販売が終わり、それでもチケットが余っている場合に、一般先行販売が行われます。販売開始時期などは、ホームページなどで告知されます。人気クラブの場合、この時点まで観戦チケットが余っている可能性はかなり低いですが、チームの成績によってチケットの売れ行きが変わることはありますので、諦めることはありません。

　あまり人気がないクラブなら、一般販売や当日券でも十分購入できます。ただし、人気クラブとの対戦となると、チケットの売れ行きがよくなりますので、とにかく試合日程とチケットの販売開始日をチェックしておきましょう。各クラブのホームページの「オンラインチケットショップ」を覗いてみてください。そこでチケット販売を開始している試合がどれか、すぐに分かります。

　アウェークラブに割り当てられたチケットに余りが出た場合、試合の数日前にホームクラブに戻され、当日券として販売されることがあります。人気クラブのアウェー試合でも、幸運にもこの当日券を購入できる可能性もあります。

　手を尽くしても事前にチケットが入手できず、試合当日にダフ屋などからの購入を考えている方もいるかもしれません。不正なチケットの売買は法律で禁じられていますが、チケットに記載されている価格での売買なら、問題ありません。お勧めはしませんが、最終手段として「Ticket Suche（チケット求む）」と書いたプラカードを持って立ってみてください。過去のシーズンのチケットを売りつけてくる悪質なダフ屋もいるので、購入する前に必ずシーズン・対戦カード・何節かを確認してください。

2-2 チケットの入手方法

チケットの入手方法を大きく分けると、2通りあります。

① ファンショップ、チケット先行販売所で直接購入
② チケットオンラインで購入

先行販売所で直接購入すれば、その場でチケットを受け取れて安心です。すでに説明したように、人気クラブのチケットは、先行販売所に出てくる前に売り切れてしまう可能性が高いです。すでに目的の試合のチケットを持っていて、日程的にも余裕があり、さらに現地で別の試合の観戦チケットが手に入るのなら、と思っている人はチャレンジする価値があります。先行販売所は、基本的にホームタウンの街中にしかありません。各クラブのホームページで「VORVERKAUFSSTELLE（先行販売所）」を探せば、店の名前と場所（住所）が掲載されています。

| 2 | 観戦チケットについて |

① ファンショップ、チケット先行販売所で直接購入

クラブのホームページでチケット先行販売所を検索し、プリントアウトしておきます。それを持って街中でファンショップや先行販売所の場所を知っている人を探します。プリントアウトした住所を見せながら、次のようなドイツ語で何を探しているのかを伝えれば、きっとみつけられるはずです。

Wissen Sie, wo man Bundesligatickets kaufen kann?

ヴィッセン ズィー ヴォー マン ブンデスリーガティケッツ カウフェン カン

どこでブンデスリーガのチケットが買えるか知っていますか？

Wissen Sie, wo es eine Vorverkaufsstelle in der Nähe gibt?

ヴィッセン ズィー ヴォー エス アイネ フォアフェアカウフスシュテレ イン デア ネーエ ギープト

この近くの先行販売所がどこにあるか知っていますか？

プリントアウトしてきた住所や地図を見せながら…

Wissen Sie, wo diese Vorverkaufsstelle ist?

ヴィッセン ズィー ヴォー ディーゼ フォアフェアカウフスシュテレ イスト

この先行販売所がどこだか知っていますか？

先行販売所をみつけることができたら、窓口でチケットを購入します。その場合、希望する席のカテゴリーと枚数（大人何枚・子供何枚を購入したいのか）を伝えればOKです。

Ich möchte Bundesligatickets [クラブ名] gegen [クラブ名] kaufen.

イヒ メヒテ ブンデスリーガティケッツ [クラブ名] ゲーゲン [クラブ名] カウフェン

私は[クラブ名]対[クラブ名]のブンデスリーガのチケットが購入したいです。

Haben Sie noch Tickets?

ハーベン ズィー ノホ ティケッツ

まだチケットはありますか？

Ich möchte gerne Tickets für den Block [数字] kaufen.

イヒ メヒテ ゲルネ ティケッツ フア デン ブロック [数字] カウフェン

私はブロック[数字]のチケットが購入したいです。

Für einen Erwachsenen (und ein Kind) bitte.

フア アイネン エアヴァクセネン（ウント アイン キント）ビッテ

大人1枚（と子供1枚）をお願いします。

Für [数字] Erwachsenen (und [数字] Kinder) bitte.

フア [数字] エアヴァクセネ（ウント [数字] キンダー）ビッテ

大人[数字]枚と子供[数字]枚をお願いします。

数 詞

1 **eins** アインス	11 **elf** エルフ	21 **einundzwanzig** アインウントツヴァンツィヒ
2 **zwei** ツヴァイ	12 **zwölf** ツヴェルフ	22 **zweiundzwanzig** ツヴァイウントツヴァンツィヒ
3 **drei** ドライ	13 **dreizehn** ドライツェーン	23 **dreiundzwanzig** ドライウントツヴァンツィヒ
4 **vier** フィーア	14 **vierzehn** フィアツェーン	24 **vierundzwanzig** フィーアウントツヴァンツィヒ
5 **fünf** フュンフ	15 **fünfzehn** フュンフツェーン	25 **fünfundzwanzig** フュンフウントツヴァンツィヒ
6 **sechs** ゼクス	16 **sechzehn** ゼヒツェーン	26 **sechsundzwanzig** ゼクスウントツヴァンツィヒ
7 **sieben** ズィーベン	17 **siebzehn** ズィープツェーン	27 **siebenundzwanzig** ズィーベンウントツヴァンツィヒ
8 **acht** アハト	18 **achtzehn** アハツェーン	28 **achtundzwanzig** アハトウントツヴァンツィヒ
9 **neun** ノイン	19 **neunzehn** ノインツェーン	29 **neunundzwanzig** ノインウントツヴァンツィヒ
10 **zehn** ツェーン	20 **zwanzig** ツヴァンツィヒ	30 **dreißig** ドライスィヒ

② チケットオンラインでの購入

　チケットオンラインで注文する手順を説明しながら、その都度出てくるドイツ語を紹介します。　　　　　　　　　　＊ここではカタカナの発音は省略します。

die SPIELAUSWAHL	試合の選択
die TICKETAUSWAHL	チケットの選択
ANMELDEN	登録する
die ADRESSE	住所
die ZAHLUNGSMETHODE	支払い方法
die VERSANDART	発送方法
die BUCHUNGSÜBERSICHT	予約確認一覧
FERTIG	完了
WEITER	つづける
ZURÜCK	戻る
NACH OBEN	先頭へ

| 2 | 観戦チケットについて |

購入する試合の選択

　各クラブのホームページを開き、「Ticket」、「Online-Ticket」、「Ticketing」などをクリックし、購入可能な試合を確認し、希望する試合を選択します。現時点でのチケットの残り枚数も一目で分かるようになっています。

die Spielauswahl	試合の選択
der Termin (*pl.* Termine)	予定日時
der Vorverkauf (＝VVK)	先行販売
VVK-Start (＝Vorverkaufsstart)	先行販売開始
der Spieltag	試合開催日
das Datum	日程
die Zeit	時間
die Begegnung	対戦
das Heimspiel (*pl.* Heimspiele)	ホームゲーム
das Auswärtsspiel (*pl.* Auswärtsspiele)	アウェーゲーム
das Spiel	試合
DFB Pokal Spiel	ドイツカップの試合
das Meisterschaftsspiel	リーグ戦の試合

| Kapitel 1 | Vorbereitung | ドイツへ行く前に

bestellen	注文する
die Bestellung	注文
verfügbar / buchbar	注文可能な
die Bemerkung	注釈
der Hinweis (*pl.* Hinweise)	アドバイス、ヒント
Vereinsmitglieder (*pl.*)	クラブ会員
die Kartenhinterlegung	チケット委託
die Hinterlegungskasse	チケット取り置きカウンター

| 2 | 観戦チケットについて |

場所の選択

　色分けされているチケット料金表で価格を確認し、購入可能なカテゴリーから希望するスタンドとブロックを選択、希望する枚数を入力し、画面上の座席をクリックすれば、予約画面に進みます。人気のある対戦では、購入数に制限がある場合があります。

der Preis	価格
MwSt.（＝ Mehrwertsteuer）	付加価値税　＊ドイツでは19%
die Preisliste	価格表
die Preiskategorie	価格カテゴリー
der Gesamtpreis	総額
ermäßigt	割引された
die Ermäßigung	割引
die Osttribüne	東スタンド
die Westtribüne	西スタンド
die Südtribüne	南スタンド
die Nordtribüne	北スタンド
der Oberrang	上段スタンド
der Unterrang	下段スタンド

| Kapitel 1 | Vorbereitung | ドイツへ行く前に

das Spielfeld　　　　　　　　　　ピッチ

der Platz　　　　　　　　　　　　席

der Sitz　　　　　　　　　　　　座席

die Reihe　　　　　　　　　　　　列

wählen　　　　　　　　　　　　　選択する

die Wahl　　　　　　　　　　　　選択

der Stehplatz（*pl.* Stehplätze）　　立見席

der Sitzplatz（*pl.* Sitzplätze）　　座席

die Anzahl	総数
gewähltes Spiel	選択した試合
gewählter Block	選択したブロック
gewähltes Ticket (*pl.* gewählte Tickets)	選択したチケット
belegter Platz (*pl.* belegte Plätze)	予約済み席
freier Platz (*pl.* freie Plätze)	空席
anderen Block wählen	他のブロックを選択する
anderen Platz wählen	他の座席を選択する
weiter zur Buchung	予約へ続く
weitere Tickets auswählen	追加チケットを選択する
gewählte Tickets buchen	選択したチケットを予約する

登 録

　購入を希望するチケットに関する入力が済んだら、オンラインでのチケット購入に必要な個人情報の登録です。メールアドレスを入力する必要がありますが、フリープロバイダーのアドレスの場合、予約確認メールや自宅でチケットをプリントアウトする際に支障をきたす可能性があるので、避けたほうが無難です。

anmelden	登録する
die Anmeldung	登録
registrieren	登録する
die Registrierung	登録
die Neuregistrierung	新規登録
der Neukunde	新規登録者
bereits registriert	既に登録している
das Log-in	ログイン
die Anrede	敬称
der Vorname	名
der Nachname / der Name	姓
die Firma	会社

| 2 | 観戦チケットについて |

die Straße Nr.	通り番地	
PLZ（＝*die* Postleitzahl）	郵便番号	
der Ort	場所、地域 ＊日本の住所を記入するときは都道府県名	
das Land	国	
der Geburtstag	生年月日 ＊ドイツ語の場合は 日／月／年 で記入	
der Benutzername	利用者名	
das Passwort	パスワード	
die Passwortfrage	パスワードのための質問	
die Passwortantwort	パスワードのための回答	
das Wiederholen	繰り返し	
weiter	続き	
zurück	戻る	
die Adresse	住所	
die Bestätigung	確認	

| Kapitel 1 | Vorbereitung | ドイツへ行く前に |

請求書の住所確認

請求書に記載される住所を確認します。この時点で、日本の住所のままにしておくと、チケットは郵送されず、自動的に試合当日のチケット取り置きカウンターで受け取るように手配されます。カウンターでの取り置きの場合、少額ですが、手数料が掛かります。また、ここで配達先の住所としてドイツ国内の住所などを入力すると、請求額に送料が含まれるようになっています。

Adressdaten prüfen	住所情報を確認する
die Rechnungsadresse	請求書送付先住所
die Lieferadresse	配達先住所
ändern	変更する
speichern	保存する

| 2 | 観戦チケットについて |

支払い方法の選択

　支払いは、クレジットカード決済、請求書払い（銀行振込）のどちらかを選びます。ただし、日本からの注文の場合は、振込手数料がいらないクレジットカード決済のほうが、便利です。

　クレジットカード決済をするなら、カード情報を入力して「weiter」へ、請求書払い（銀行振込）をするなら、銀行情報を入力して「weiter」へ進んでください。

die Zahlungsart	支払い方法
bezahlen	支払う
die Kreditkarte	クレジットカード
der Karteninhaber	カード所持者
das Ablaufdatum	（カードの）有効期限
die Kartennummer	カード番号
die Kartenprüfziffer	セキュリティコード ＊カードの裏面の書名欄にある数字で右から3〜4つの数字
Karteninhaber ändern	カード所持者を変更する
die Lastschrift	口座振込み　＊請求書を受け取る
der Kontoinhaber	銀行口座名義
der Bankname	銀行名
die Bankleitzahl	銀行コード番号
die Kontonummer	口座番号
Kontoinhaber ändern	口座名義人を変更する

| Kapitel 1 | Vorbereitung | ドイツへ行く前に

チケットの受け取り方法

　郵送、スタジアム取り置き、自宅でプリントアウトという3種類から受け取り方法を選択します。自宅でプリントアウトするためには、ドイツで通話できる携帯電話を持っている必要があります。

　自宅でプリントアウトの場合、「ticket.direct」を選択し、ドイツで使える携帯電話の番号を入力すると、携帯電話へSMSでパスワードが送られてきます。そのパスワードを入力してプリントアウトします。

der Versand	発送
die Versandart	発送方法
pl. Versandkosten	発送代金
der Postversand	郵送
die Hinterlegung	取り置き

Hinterlegungsgebühr Auslandsbestellung
　　　　　　　　　外国からの注文の取り置き手数料

| 2 | 観戦チケットについて |

注文内容の確認

チケット予約が終了すると、注文書控えがメールで届くので、それをプリントアウトしておいてください。

試合当日の取り置きカウンターには、注文書控えと写真の付いた身分証明書（パスポートがのぞましい）を持参してください。

Daten korrigieren	データを修正する
Ticket buchen	チケットを予約する

月の名前

Januar ヤヌアー	1月	**Juli** ユーリ	7月
Februar フェブルアー	2月	**August** アウグスト	8月
März メルツ	3月	**September** ゼプテムバー	9月
April アプリル	4月	**Oktober** オクトーバー	10月
Mai マイ	5月	**November** ノヴェムバー	11月
Juni ユーニ	6月	**December** ディツェムバー	12月

| Kapitel 1 | **Vorbereitung** | ドイツへ行く前に |

オンライン購入についてのQ&A

　チケットを事前に確保するための方法なども紹介しています。参考にしてみてください。

Q1　チケットオンラインで購入したチケットは日本まで送ってもらえますか？

A1　これが一番心配ですよね。オンライン購入の際のチケットの発送は、残念ながら原則ドイツ国内だけです。EU圏内であれば発送してくれるクラブもありますが、日本までは配送されません。

Q2　海外から注文した場合、チケットはどうやって受け取るのですか？

A2　チケットは試合当日、スタジアムのチケット取り置きカウンターで受け取ります。試合前日まで、オフィシャル・ファンショップで受け取れるようにしているクラブもあります。ただし、ファンショップで受け取るとしても注文から1週間くらいは必要なので、オンラインでの注文はできるだけ早くしましょう。

　ファンショップで前もって受け取れるかどうかについて確認するメールを紹介しておきましょう。クラブのホームページの「Kontakt」（コンタクト）にメールを送ります。

| 2 | 観戦チケットについて |

Sehr geehrte Damen und Herren,

mein Name ist [名前] und ich bin Japaner. Bezüglich der Ticket-Abholung möchte ich Sie gerne etwas fragen. Ich habe im Online-Ticketshop [チケットの枚数] Tickets für das Spiel [クラブ名] gegen [クラブ名] bestellt. Aber ich wohne außerhalb der EU, daher können die Tickets nicht an mich gesendet werden. Ich möchte deswegen wissen, ob meine Bestellung bei Ihnen klar angekommen ist und ob man vor dem Spieltag die Tickets irgendwo abholen kann.

Leider kann ich kein Deutsch, deswegen hat mein Bekannter diese E-Mail geschrieben. Es wäre sehr nett, wenn Sie die folgenden Fragen beantworten könnten:
- Ist meine Bestellung klar angekommen? Ja oder nein, bitte.
- Kann man vor dem Spieltag die Tickets abholen? Ja oder nein, bitte.
- Wenn ja, wo kann man die Tickets abholen? Könnten Sie bitte die Anschrift und die Öffnungszeiten angeben?
  Anschrift:
  Öffnungszeiten:
- Wenn nein, wo ist die Ticket-Hinterlegung an dem Spieltag? Könnten Sie mir bitte Tipps geben, wie ich dort hinkomme.

Vielen Dank vorab für Ihre Bemühungen und ich freue mich schon darauf, dieses Spiel im Stadion zu sehen.

Mit freundlichen Grüßen
[名前] aus Japan

拝啓

　私の名前は[名前]と申します、日本人です。チケットの受け取りについて質問させてください。私はオンラインショップで[クラブ名]対[クラブ名]の試合のチケットを[チケットの枚数]枚を購入したのですが、EU圏外に住んでいるため、チケットは郵送されません。そこで、まず私の注文が確実に届いているのか、また試合当日より前にどこかでチケットを受け取ることができるのかどうかを知りたいのです。

　残念ながら私はドイツ語ができないので、このメールは友人に書いてもらいました。ですので、以下の質問にお答えいただければ、非常にありがたく思います。
- 私の注文は確実に届いていますか？ ja（ハイ）か nein（イイエ）でお答えください。
- チケットは試合当日より前に受け取れますか？ ja（ハイ）か nein（イイエ）でお答えください。
- ja（ハイ）の場合は、どこで受け取れるのでしょうか？ その場所の住所（Anschrift）と、営業時間（Öffnungszeiten）を教えてください。
  住所：
  営業時間：
- nein（イイエ）の場合は、試合当日のチケット受取所はどこになりますか？ そこに私が行けるように、ヒントをお願いします。

　ご丁寧にお教えいただき、大変感謝しております。この試合をスタジアムで観戦することを楽しみにしています。

敬具
[名前]

| 2 | 観戦チケットについて |

Q3 試合当日、スタジアムのチケット取り置きカウンターは、すぐに分かりますか？

A3 オンラインでチケットを購入した場合、そのページに取り置きカウンターの場所が記載されていますので、プリントアウトして持っていきましょう。

スタジアムに着いて、場所を教えてもらうためのドイツ語

Ich habe die Tickets im Online-Shop gekauft.
イヒ ハーベ ディ ティケッツ イム オンラインショップ ゲカウフト
私はチケットをオンラインショップで購入しました。

Ich suche die Kasse der Ticket-Hinterlegung.
イヒ ズーヘ ディ カッセ デア ティケット・ヒンターレーグング
私は取り置きカウンターを探しています。

Wissen Sie, wo ich meine Tickets abholen kann?
ヴィッセン ズィー ヴォー イヒ マイネ ティケッツ アップホーレン カン
どこで私のチケットを受け取れるか知っていますか？

| Kapitel 1 | **Vorbereitung** | ドイツへ行く前に

Q4 他に事前に確実にチケットを受け取る方法はありますか？

A4 少し手間はかかりますが、滞在予定のホテルに送ってもらう方法があります。日本に届けてもらえるわけではありませんが、宿泊予定のホテルが事前に受け取っておいてくれれば安心です。ホテルを予約する際に、ホテル側にチケットの受け取りをしてもらえるか確認して、了承を取りましょう。

　チケットをオンラインで購入する際に、送り先をホテルの住所にしておけば、チケットはホテルに郵送されます。日本を出発する前にホテルに問い合わせれば、チケットが届いているかどうか、確認もできます。

　ホテルに受け取りを引き受けてもらえるかを質問するメールの文例を紹介しておきます。

　滞在予定の日付を記載する場合、ドイツ語では日／月の順番で書きますので、気をつけてください。

| 2 | 観戦チケットについて |

Sehr geehrte Damen und Herren,

mein Name ist [名前] und ich bin Japaner. Ich habe vor, vom 01.09. bis 07.09. nach Deutschland zu reisen. Im diesem Zeitraum plane ich, Bundesliga Spiele live zu sehen. Im Online-Ticketshop möchte ich die Tickets bestellen, aber die bestellten Tickets können nur in Deutschland gesendet werden. Zur Sicherheit möchte ich vorher wissen, ob die Möglichkeit besteht, dass ich die Tickets bekomme.

Aus diesem Grund möchte ich Sie fragen, ob ich die Tickets in Ihr Hotel schicken lassen darf und Sie sich nach dem Empfang der Tickets kurz bei mir melden könnten. Wenn Sie netterweise meiner Bitte folgen, möchte ich gerne bei Ihnen [部屋数] Einzelzimmer/Doppelzimmer für [日数] Nächte buchen.

Nur verstehe ich leider kaum Deutsch und diese E-Mail hat ein Bekannter für mich geschrieben. Es wäre sehr nett, wenn Sie die folgenden Fragen beantworten könnten:
- Darf ich die bestellten Tickets zu Ihnen schicken lassen? Ja oder nein bitte.
- Wenn ja, könnten Sie sich bei mir melden, nachdem Sie meine Tickets empfangen haben? Ja oder nein bitte.

Vielen Dank vorab für Ihre Bemühungen und ich freue mich darauf, bei Ihnen meine Reise zu genießen.

Mit freundlichen Grüßen
[名前] aus Japan

拝啓

　私の名前は[名前]と申します、日本人です。私は9月1日から9月7日の間ドイツに旅行に行く予定です。そしてその滞在期間中に、ブンデスリーガの試合観戦を計画しています。そのためにオンラインショップでチケットを購入したいのですが、オンラインショップで注文したチケットはドイツ国内しか郵送してもらえません。ですが、できれば事前にチケットを確実に入手できたか確認したいと思っています。

　こういった事情で、注文したチケットをそちらのホテルに送り、受け取っていただき、その連絡をいただけないか、お尋ねいたします。もしご好意で、私のお願いを聞いていただけるようであれば、是非そちらのホテルで[部屋数]シングルルーム／ダブルルームを[宿泊日数]日分の予約をしたいと思っています。

　残念ながら私はドイツ語はほぼ理解することができず、このメールも知人に書いてもらいました。ですので、以下の質問にお答えいただければ幸いです。

- 注文したチケットをそちらのホテルへ送ってもいいでしょうか？ ja（ハイ）か nein（イイエ）でお願いします。
- 引き受けて頂けた場合、受け取り後に受領のご連絡をいただけますか？ ja（ハイ）か nein（イイエ）でお願いします。

　あらかじめご尽力に感謝いたします。そちらのホテルでドイツ旅行を満喫できることを楽しみにしています。

敬具
[名前]

（和訳）

| 2 | 観戦チケットについて |

チケットが届いているかどうかを確認するメールです。チケットを注文した日付は正確に記載しておきましょう。

Sehr geehrte Damen und Herren,

ich möchte gerne wissen, ob Sie schon meine bestellten Bundesligatickets empfangen haben. Ich habe diese im Online Ticketshop am 15.08. bestellt und sie müssten innerhalb einer Woche geliefert werden.
Es wäre sehr nett, wenn Sie mir kurz Bescheid geben, entweder ja oder nein.

Vielen Dank vorab für Ihre Rückmeldung.

Mit freundlichen Grüßen
［名前］aus Japan

拝啓 （和訳）

　すでに私の注文したブンデスリーガのチケットを受け取っていただけているかを教えてください。チケットは8月15日にオンラインショップで注文し、1週間以内には郵送されているはずです。
　すでにお受け取りいただけているかどうかを、ja（ハイ）かnein（イイエ）で簡単にお知らせください。

　お返事をお待ちしております。

敬具
［名前］

| 2-3 | 公共交通機関いろいろ

　町と町を繋ぐ列車を運行するドイツ鉄道（Deutsche Bahn、DB）と町中や近郊の町をつなぐ各地方ごとの鉄道があります。

① 電車の種類について

地下鉄　U-Bahn（Untergrund Bahn）

路面電車　Straßenbahn

バス　Bus

ドイツ鉄道の近郊を走る列車

RE: Regional Express

RB: Regional Bahn

S-Bahn: Stadt Bahn

ドイツ鉄道 DB

ICE: Inter City Express /
IC: Inter City

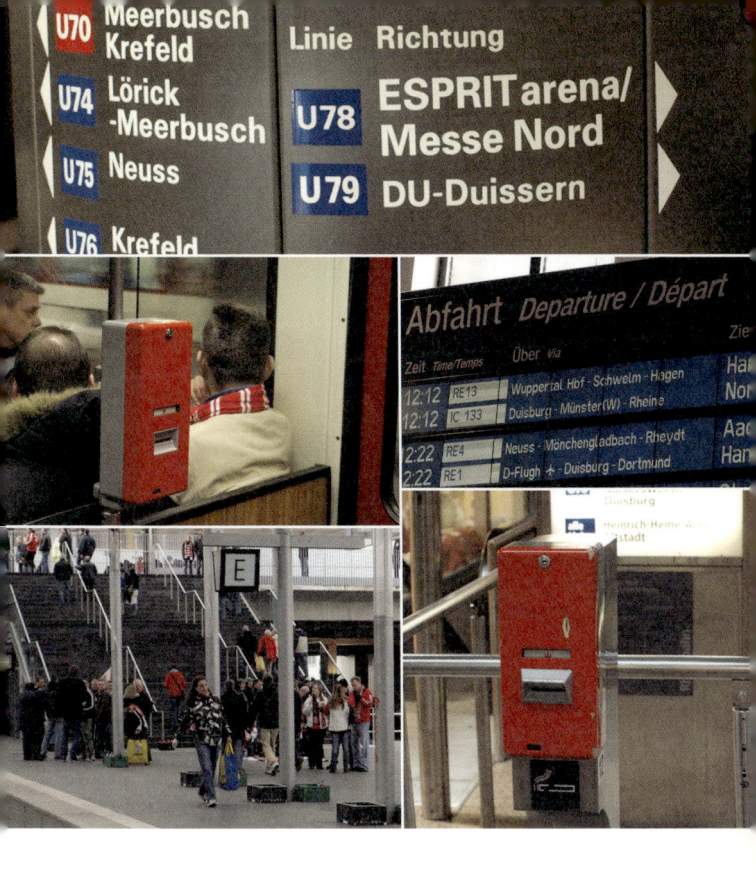

U70	Meerbusch Krefeld
U74	Lörick -Meerbusch
U75	Neuss
U76	Krefeld

Linie	Richtung
U78	ESPRITarena/ Messe Nord
U79	DU-Duissern

② 乗車券について

　ドイツの駅には、日本のような改札がありません。検札もゲートもないままホームに行き、そのまま電車に乗れます。乗車券をだれに見せればいいの？と疑問を持たれることでしょう。

　乗車券は専用の発券機または専用の窓口で購入します。また公共交通機関の乗車券は、駅構内やホームなどに発券機がありますので、そこで購入し、ホームや車内にある刻印機でスタンプを押さなくてはなりません。

　公共交通機関のための乗車券の種類と、それぞれの内容と条件を記載しておきますので、参考にしてください。

EinzelTicket K Erw.　　大人（約3駅分）
　1.5km（約3駅）以内で、刻印から30分有効。

EinzelTicket A Erw.　　大人（Aエリア）
　市内は基本的にはAエリアに含まれ、刻印から90分有効。

EinzelTicket A-D Kind　子供（6歳以上15歳未満）（A-Dエリア）
　A-Dエリアまで利用でき、刻印から90分有効。

4er Ticket K Erw.　　大人4回券（3駅分）
　EinzelTicket K Erw.の4回券。

4er Ticket A Erw.　　大人4回券（Aエリア）
　EinzelTicket A Erw.の4回券。

4er Ticket A-D Kind　子供4回券（A-Dエリア）
　EinzelTicket A-D Kindの4回券。

Tages Ticket A　　　　1日券
　Aエリア内であれば乗り放題。刻印した日と翌日の3時まで有効。

Gruppen Ticket（5）　グループ1日券（5人分）
　1枚で最大5人まで乗車可能な1日券で有効エリアはA。

Zusatz Ticket　　　　追加券
　Aエリアを越えて乗車する場合、
　EinzelTicket Aと合わせて購入し、刻印する。

4er-Zusatz Ticket　　追加4回券
　Zusatz Ticketの4回券。

③ **お得情報**

　ブンデスリーガ観戦チケットには、試合当日の試合が開催される都市の公共交通機関の代金も含まれています。試合当日は観戦チケットを持っていれば、市内の公共交通機関は、乗り放題になりますので、試合後もチケットを捨てずに持っておいてください。

　車で試合会場に来る人もたくさんいますが、その街のファンは電車などの公共交通機関を利用してスタジアムに来ます。スタジアムでアルコールを飲みながら応援するサポーターも多くいて、飲酒運転防止のための対策のひとつです。有効期間は試合日の翌日午前3時までです。試合が遅くに終わっても、心配いりません。自分の目的地がチケットの有効範囲かどうかがはっきり分からなければ、乗車前に観戦チケットを見せて確認しておきましょう。

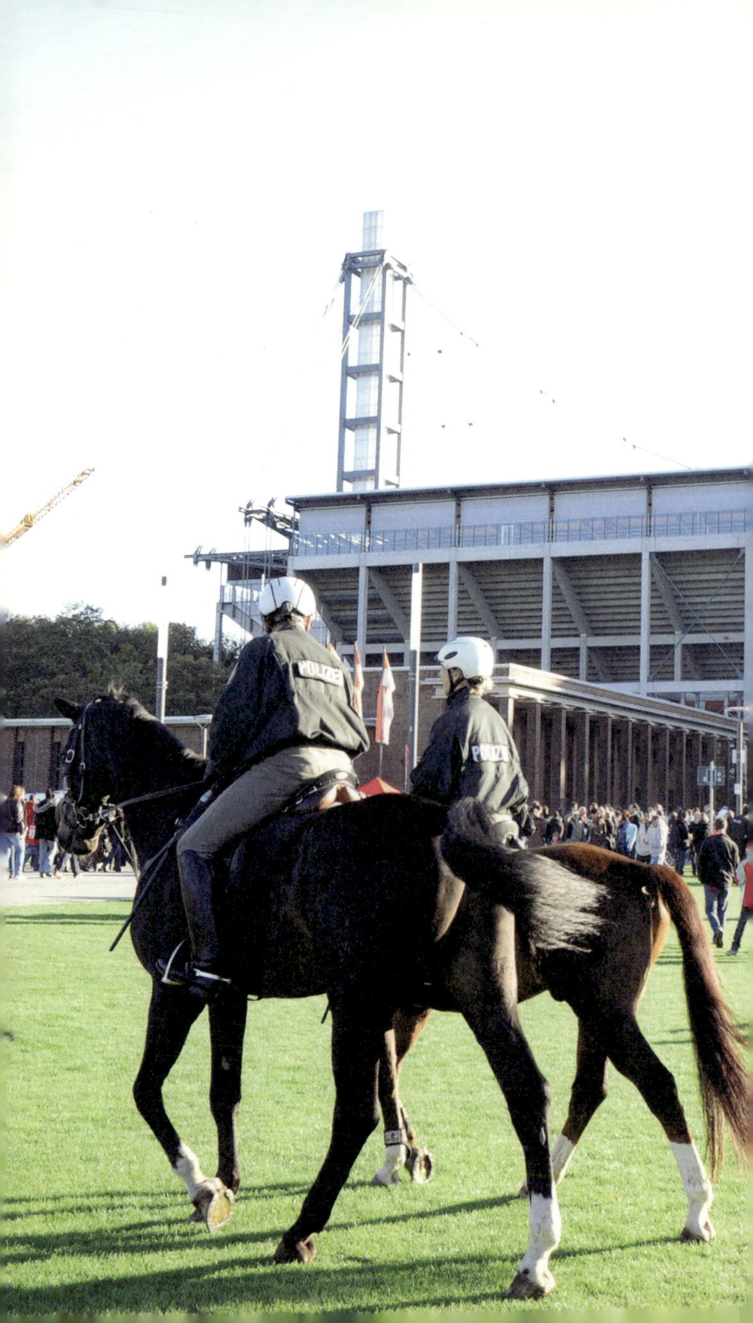
POLIZEI
POLIZEI

Kapitel 2

Viel Spaß außer dem Stadion

スタジアムの外での楽しみ

1 テレビ観戦

|1-1| 有料放送 SKY

　ブンデスリーガの試合は有料放送SKYで放送されています。個人で契約している人も多いですし、街中のクナイペ*やスポーツバー、ホテルのラウンジなど、SKYを放送している場所はたくさんあります。SKYと契約をしている店舗はSKYの看板を掲げています。街中でこの看板を見かけたら、そこでブンデスリーガをテレビ観戦できるということです。

　SKYでは全試合を放送しているだけでなく、同時進行している試合をランダムに放送する「KONFERENZ」(コンフェレンツ)という放送方法を取っているチャンネルがあります。KONFERENZでは、各会場にいるSKYのレポーターがリレー形式で実況をしています。どこかの会場でゴールが決まれば、「Toooor!!(ゴール!!)」という声とともに映像がその会場へ切り替わります。

　シーズン終盤には、優勝争いや残留争いが激化するので、緊迫感を楽しめます。クナイペやスポーツバーでは、その街のクラブの試合がないときは、KONFERENZを選択していることが多いようです。

＊クナイペ：ドイツでは一般的な飲み屋

1-2 ブンデスリーガの試合時間

いろいろな試合を観戦できるように、ブンデスリーガは、1部と2部の試合時間をずらしています。

最後の2節(第33節、第34節)は公平性を保つために、1部と2部のすべての試合がそれぞれ同時刻に開催されます。

試合開始時間

ブンデスリーガ1部（1. Bundesliga）

金曜日	1試合	20：30
土曜日	5試合	15：30
	1試合	18：30
日曜日	1試合	15：30
	1試合	17：30

ブンデスリーガ2部（2. Bundesliga）

金曜日	3試合	18：00
土曜日	2試合	13：00
日曜日	3試合	13：30
月曜日	1試合	20：15

1-3 ホテルの部屋でブンデスリーガをチェック

民放テレビのスポーツ番組

　月曜日の夜に行われる2部の1試合のみ、民放のSPORT1で放送されています。この試合は有料放送SKYを契約していない人たちに、ブンデスリーガへの関心を持ってもらうという目的で、2部の試合の中でも、話題性のある試合（優勝争いをしているクラブ同士の対戦など）が選ばれることが多いです。

　1週間の中でブンデスリーガを扱っている番組の時間帯と番組タイトルを紹介します。

月曜日（Montag）

17:30-18:30　Bundesliga Der Spieltag
　　　　　週末のブンデスリーガ試合のハイライト番組

18:30-19:45　BUNDESLIGA Aktuell
　　　　　ブンデスリーガに関する最新ニュース番組

19:45-20:15　Hattrick Live Vorberichte
　　　　　月曜日に行われるブンデスリーガ2部の試合に関する番組

20:15-22:15　Hattrick live
　　　　　ブンデスリーガ2部1試合のライブ放送

22:15-23:30　LIGA total! Spieltaganalyse
　　　　　週末の試合の中から様々なシーンをクローズアップし、分析する番組

火曜日（Dienstag）

18:00-18:30　Serie A Italienische Liga
　　　　　イタリア・セリエAのハイライト番組

18:30-19:40　BUNDESLIGA Aktuell
　　　　　ブンデスリーガに関する最新ニュース番組

23:30 00:00　Serie A Italienische Liga
　　　　　イタリア・セリエAのハイライト番組

| Kapitel 2 | Viel Spaß außer dem Stadion | スタジアムの外での楽しみ |

水曜日（Mittwoch）
- 18:30-19:40 BUNDESLIGA Aktuell
  ブンデスリーガに関する最新ニュース番組

木曜日（Donnerstag）
- 18:30-19:00 BUNDESLIGA Aktuell
  ブンデスリーガに関する最新ニュース番組

金曜日（Freitag）
- 18:30-20:10 BUNDESLIGA Aktuell
  ブンデスリーガに関する最新ニュース番組
- 22:30-23:40 Hattrick Die 2. Bundesliga FR
  金曜日のブンデスリーガ2部のハイライト番組

土曜日（Samstag / Sonnabend）
- 18:00-19:57 SPORTSCHAU（ARD）
  - 18:00-18:30 ドイツ3部リーグのハイライトを紹介
  - 18:30-19:57 ブンデスリーガ1部・2部のハイライトを紹介

日曜日（Sonntag）
- 09:30-11:00 Bundesliga Pur
  ブンデスリーガ1部のハイライト番組
- 11:00-13:00 Doppelpass Live
  監督やチームマネージャーなどを招いて週末の試合や、好不調のチームについて数人のコメンテーターが討論する番組
- 13:00-14:00 Bundesliga Pur
  ブンデスリーガ1部のハイライト番組
- 19:15-20:30 Hattrick Die 2. Bundesliga SO
  週末に行われたブンデスリーガ2部のハイライト番組
- 22:30-23:45 Bundesliga Der Spieltag
  週末に行われたブンデスリーガのハイライト番組

2 練習を見学に行こう!

| 2-1 | 見学に行く前に確認

　練習場までのアクセスなどがあまりはっきりと書かれていないことがあります。その場合は、インターネットで以下のキーワードを入力して検索してみてください。

　　　[クラブ名] + Trainingsplatz / Trainingsgelä*nde + Adresse
　　　　　＊äが出ないときは、aかaeを入れてもOK。

　クラブの練習場は、たいていホームスタジアムの近くにありますが、ドルトムントのように、スタジアムと練習場が別のところにある場合があります。とはいえ、どこの練習場も、必ずその町の中央駅から簡単にアクセスできるところにありますので、まずは各クラブのホームページを見て、練習時間や練習の有無、公開か非公開かなどを確認しておきましょう。

Kein Training	練習なし
Änderungen vorbehalten	変更の可能性あり
öffentlich / nicht öffentlich	公開／非公開

| Kapitel 2 | Viel Spaß außer dem Stadion | スタジアムの外での楽しみ |

| 2-2 | 見学中に気をつけること

　練習見学に来ているファンが数えるくらいのクラブもあります。見学者が少なければ、選手は練習後にサインや写真撮影に応じてくれますので、練習前や練習中に声を掛けることはやめましょう。バイエルンやドルトムントのように、練習場に多くのファンが詰め掛けるクラブの場合、お目当ての選手にたどり着けないこともあります。練習場へは十分時間の余裕を持って向かうようにし、クラブハウスの出入口近くに陣取るなどの努力と工夫が必要かもしれません。

　練習中の選手にフラッシュをたいたりすることも厳禁です。わざわざ日本から来たのだからと、お目当ての選手にカメラを向けてフラッシュをたいたり、声を掛けたりする人がいますが、そういった行動は練習中の選手の集中を欠くだけでなく、お目当ての選手のチーム内での立場が悪くなることになります。常識的な行動を心がけましょう。

　選手が練習している間は、周りで大声でしゃべることも控えましょう。練習を見に来ているドイツ人サポーターが一緒に写真を撮ろうと声を掛けてくることがあるかもしれませんが、その場合はフェンスから離れたり、練習後にするなどの配慮をしてください。

　一部の日本人の心無い行動が、その後訪れるほかの日本人へ対する悪い印象にもなりかねませんので、分別のある行動を取るようにしてください。

3 新聞と雑誌

ドイツ人の最大の関心事はサッカーです。サッカーの試合が行われた翌日は、多くの新聞の一面をサッカーに関するニュースが占めます。

大衆紙「BILD」と、サッカー専門誌「KICKER」は、日本のメディアがドイツサッカーの情報を得る媒体としてチェックしているので、どこかで聞いたことがあるかもしれません。現地で購入してみるのもよいかもしれません。

3-1 BILD

BILDはゴシップ紙としても有名ですが、他の一般紙に比べて紙面を大きく割いてサッカーを扱っています。地域ごとに一面の写真が異なることもあります。日本人選手が活躍した翌日は、その選手の所属する地域のBILD紙の一面をその日本人選手が飾る可能性が大きくなります。BILD紙で大きく扱われることは、ドイツでサッカー選手として認められたことを示す大きな指標の一つかもしれません。

| 3-2 | KICKER

　KICKERは毎週月曜日と木曜日に発行されます。月曜日に発売のものは、週末の試合のハイライトなども含まれているため、分量が多く、値段も少し高めです。木曜日発売のものは、次の週末の試合の先発予想、チーム状況を紹介するなど、観戦前の情報収集に適しています。

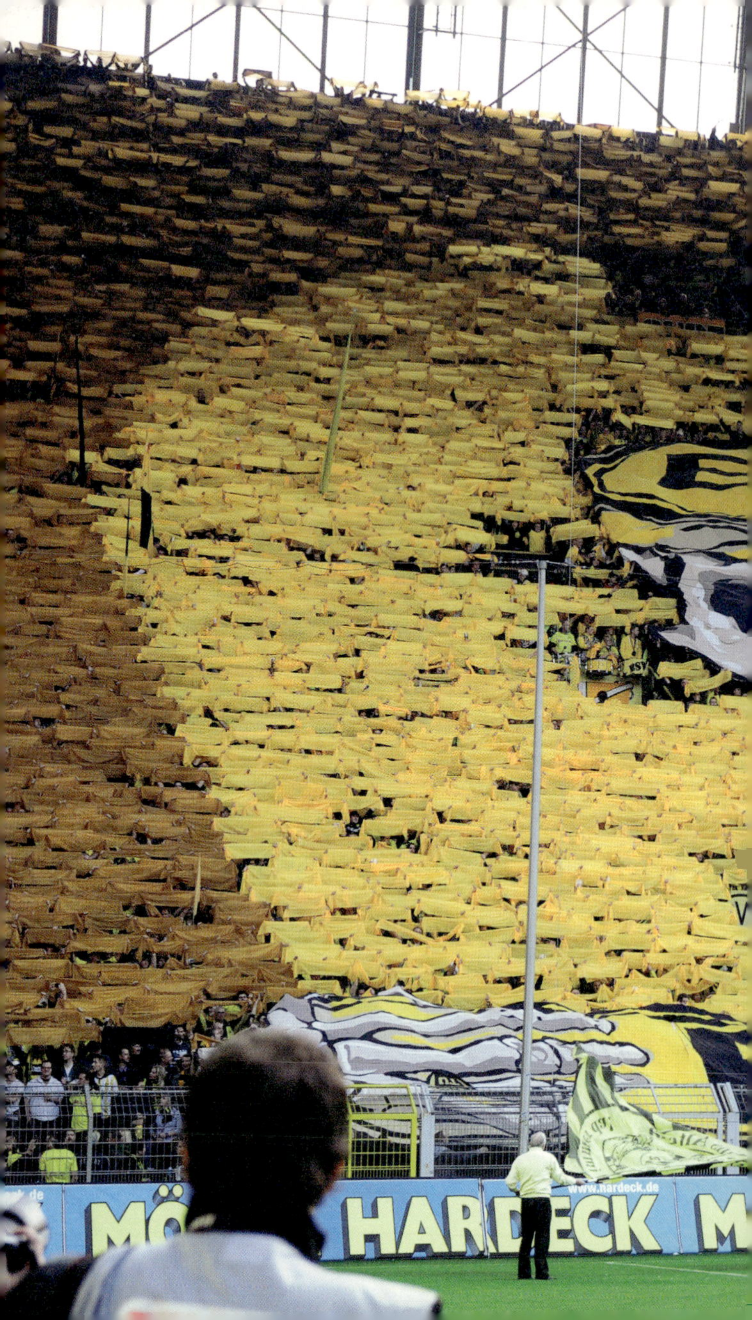
www.hardeck.de
HARDECK

Kapitel 3

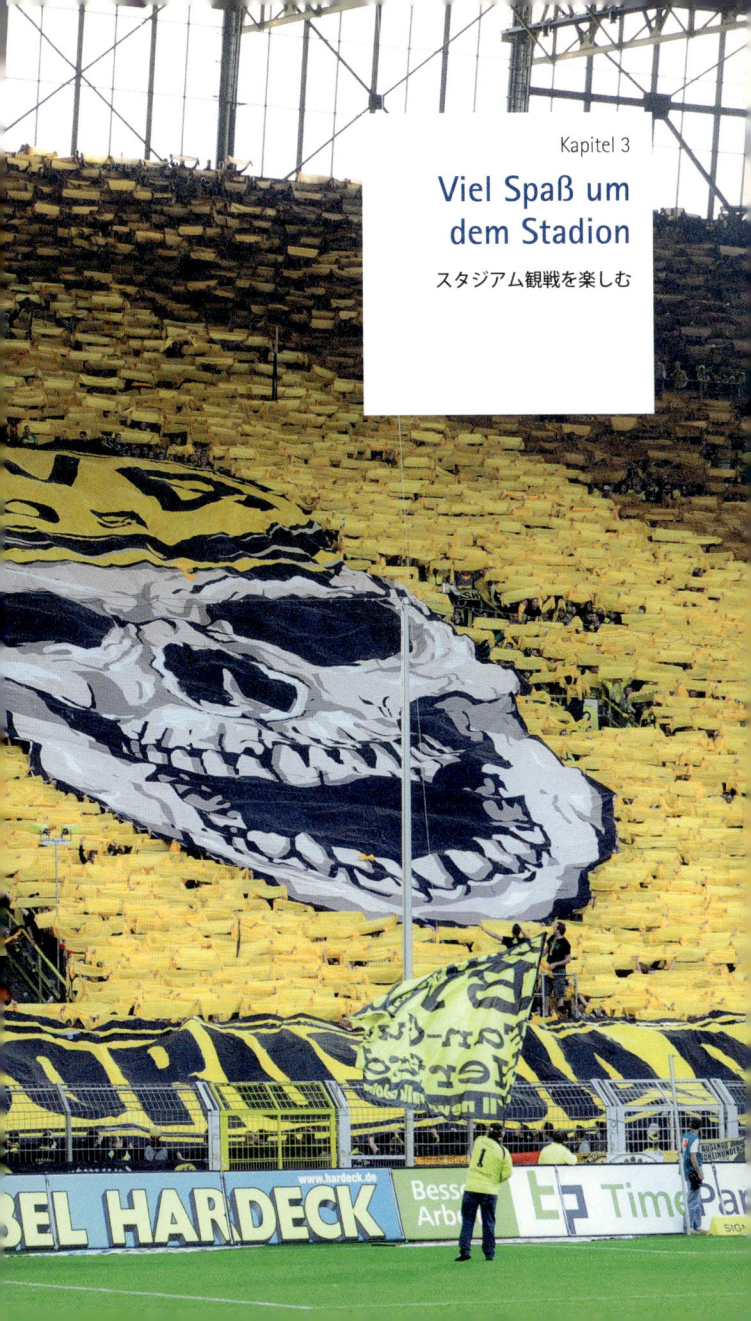

Viel Spaß um dem Stadion

スタジアム観戦を楽しむ

「お目当てのチームの練習は見学できた。街中のスポーツバーでTV観戦もできた。」 あとは試合当日、スタジアムに行って観戦するだけです。

それでは試合当日、ブンデスリーガを安心して100%楽しく観戦するために、予習をしておきましょう。

スタジアムまでの道中、スタジアムなどで登場するドイツ語を紹介します。中央駅や宿泊ホテルからスタジアムへ、ゲートを通過し、自分の席を確認してからファングッズを購入し、ソーセージとビールを買って、座席に座ったら周りのドイツ人にドイツ語で話しかけてみる、試合が始まったらドイツ人サポーターと一緒に、ドイツ語で応援をしてみる、そこまでできたら、あなたはブンデスリーガ試合観戦を誰よりも楽しんでいること間違いなしです。

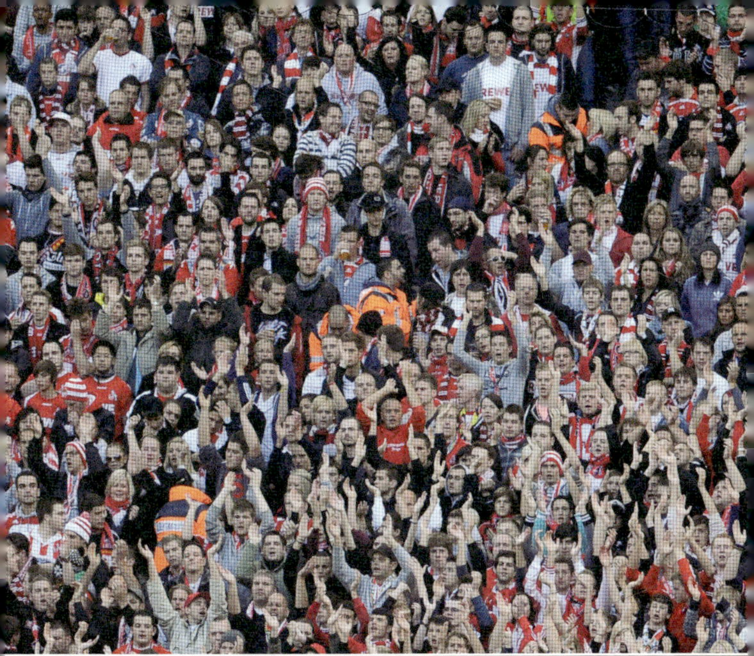
REWE

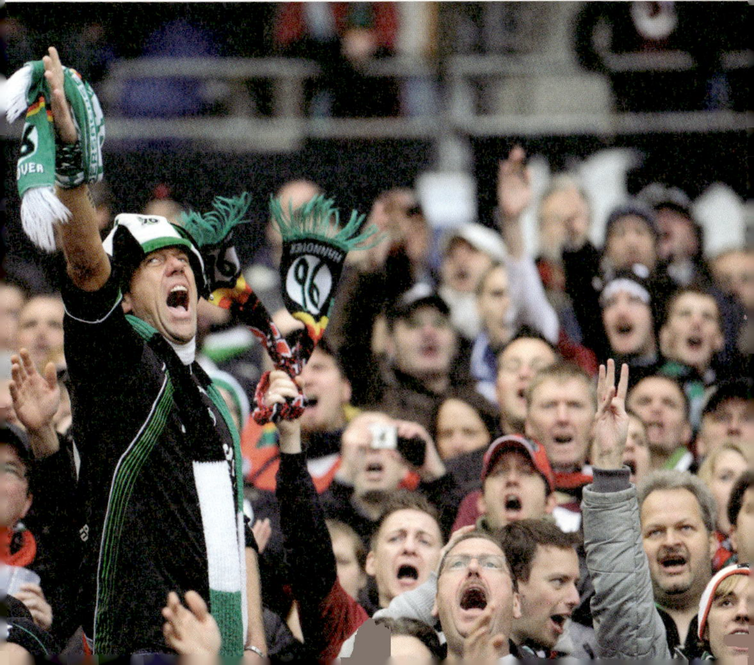

1 基本単語あれこれ

| 1-1 | 交通機関

der Hauptbahnhof（＝ Hbf） 　　中央駅　1
ハウプトバーンホーフ

das Taxi 　　タクシー
タクスィー

der Taxistand / *die* Taxistelle 　　タクシー乗り場
タクスィーシュタント　タクスィーシュテレ

der Zug 　　電車
ツーク

die U-Bahn 　　地下鉄、トラム
ウーバーン

die Straßenbahn 　　路面電車
シュトラーセンバーン

die Bahnkarte / *die* Fahrkarte / *der* Fahrausweis
バーンカルテ　　　　ファーカルテ　　　　　ファーアウスヴァイス
乗車券

der Fahrkartenautomat 　　券売機　6
ファーカルテンアウトマート

der Entwerter 　　自動改札機、刻印機　4
エントヴェルター

| 062 |

| Kapitel 3 | Viel Spaß um dem Stadion | スタジアム観戦を楽しむ

der Bahnsteig
バーンシュタイク

ホーム　**3**

die Richtung
リヒトゥング

方向、方面

das Gleis
グライス

番線　**5**

der Bus
ブス

バス　**2**

die Haltestelle
ハルテシュテレ

バス停　**7**

| 1 | 基本単語あれこれ |

1-2 | スタジアム周辺

| *das* Stadion | スタジアム 1 |
| シュターディオン | |

der Schalter 窓口
シャルター

die Eintrittskarte 入場券
アイントリッツカルテ

die Tageskarte 当日券
ターゲスカルテ

die Vorverkaufsstelle チケット先行販売所
フォアフェアカウフスシュテレ

die Kasse (チケット)売場 3
カッセ

die Abholkasse ピックアップ窓口 4
アプホールカッセ

die Hinterlegung 預けること、供託
ヒンターレーグング

der Ost 東
オスト

der West 西 5
ヴェスト

der Süd 南 2
ズュート

der Nord 北 5
ノルト

| Kapitel 3 | Viel Spaß um dem Stadion | スタジアム観戦を楽しむ

der Eingang
アインガング

入口 5

der Haupteingang
ハウプトアインガング

メイン入口 6

der Gasteingang
ガストアインガング

アウェー入口

der Gastbereich
ガストベライヒ

アウェーエリア 7

der Ausgang
アウスガング

出口

1-3 スタジアムのなか

die Tribüne
トリビューネ

（スタジアムの）スタンド席　1

der Block
ブロック

ブロック　2

die Reihe
ライエ

列　2

der Platz
プラッツ

席　3

die Toilette
トアレッテ

トイレ　4・5

Damen（D）
ダーメン

女性　4

Herren（H）
ヘレン

男性　5

das Essen
エッセン

食事、食べ物　6

das Getränk（*pl.* Getränke）
ゲトレンク　　　　ゲトレンケ

飲み物

die Polizei
ポリツァイ

警察　7

| ESPRIT-Tribüne | | ↑ | ↑ | | Messe Düsseldorf | U stadtbahn | ↗ |
| Süd-Tribüne | | Warsteiner-Tribüne | Sparkasse Düsseldorf Tribüne | Tickets | RheinHalle | Taxi | ← |

1

Sparkasse Düsseldorf Tribüne
Logen Ost

1

← Block 10 ↑
Reihe 8-30   Reihe 1-7

2

3

D TOILETTEN

4

TOILETTEN H

5

BORUSSIA DORTMUND
ESSEN & TRINKEN
DAUT FLEISCHWAREN

6

7

7

2 簡単な表現あれこれ

　ドイツ語で質問をすると、ドイツ語で返事が返ってきて、内容がわからないから困るし、不安だ…。質問の仕方を工夫してみましょう。返事がジェスチャーで済む聞き方をしたり、自分の意思を一方的に伝えて成り立つ表現をすればいいのです。例えば、何かの場所を聞きたいときは、相手に方向を指差してもらえればなんとなく分かりますし、何かが欲しいとお願いするときは、基本的には相手の答えは「Ja（はい）」か「Nein（いいえ）」の2択で十分ですよね。

　それでは便利な表現を紹介しておきましょう。

2-1 何かが欲しいとき、何かをしたいとき

○○に欲しい名詞をいれたり、動詞を付け加えて希望を表現します。よく使う動詞もあわせて紹介しておきましょう。

Ich möchte ○○○.

イヒ メヒテ ○○○

私は○○○したいです／欲しいです。

よく使う動詞

gehen ゲーエン	行く	**essen** エッセン	食べる
kaufen カウフェン	買う	**trinken** トリンケン	飲む
bezahlen ベツァーレン	払う	**bestellen** ベシュテレン	注文する

Ich möchte das.

イヒ メヒテ ダス

(欲しいものを指さしながら) 私はこれが欲しいです。

Ich möchte eine Bahnkarte kaufen.

イヒ メヒテ アイネ バーンカルテ カウフェン

私は乗車券が欲しいです。

Ich möchte eine Cola haben.

イヒ メヒテ アイネ コーラ ハーベン

私はコーラが欲しいです。

Ich möchte dahin gehen.

イヒ メヒテ ダヒン ゲーエン

私はあそこに行きたいです。

| 2-2 | 困ったときのBitte!

「Bitte!」は、英語の「プリーズ」に相当しますが、名詞の前か後ろに「Bitte!」をつければ「〜をください」という意味になります。

ちなみに「Danke!」(ありがとう) に対する「どういたしまして」と返すときも「Bitte!」です。

Bitte ○○○ / ○○○ bitte.

ビッテ ○○○ / ○○○ ビッテ

○○○をください、○○○してください。

Eine Eintrittskarte bitte.

アイネ アイントリッツカルテ ビッテ

入場券を一枚ください。

Einmal Cola bitte.

アインマール コーラ ビッテ

コーラをください。

Danke schön!

ダンケ シェーン

ありがとう!

Bitte schön!

ビッテ シェーン

どういたしまして!

3 疑問詞をつかった表現

一方的に話すのではなくやっぱり会話はしたい！ドイツ語でなんと返されているのか分からないけど、とにかく質問だけでもしてみたい！そんな方のために、基本的な疑問文を作るときの5つの疑問詞を紹介します。

① wer「だれ」

Wer ist ○○○?
ヴェア イスト ○○○

○○○は誰ですか？

Wer ist das?
ヴェア イスト ダス

あれは誰ですか？

Wer ist der Torschütze?
ヴェア イスト デア トアシュッツェ

ゴールを決めたのは誰ですか？

② wann「いつ」

Wann ist ○○○?
ヴァン イスト ○○○

○○○はいつですか？

Wann ist das Spiel?
ヴァン イスト ダス シュピール

試合はいつですか？

Wann ist der Anstoß?
ヴァン イスト デア アンシュトース

キックオフはいつですか？

③ wo「どこ」

Wo ist ○○○?
ヴォー イスト ○○○

○○○はどこですか?

Wo ist der Hauptbahnhof?
ヴォー イスト デア ハウプトバーンホーフ

中央駅はどこですか?

Wo ist das Stadion?
ヴォー イスト ダス シュターディオン

スタジアムはどこですか?

Wo ist die Toilette?
ヴォー イスト ディー トアレッテ

トイレはどこですか?

④ was「何」

Was ist ○○○?
ヴァス イスト ○○○

○○○は何ですか?

Was ist das?
ヴァス イスト ダス

これは何ですか?

⑤ wie「どう」

Wie ist ○○○?
ヴィー イスト ○○○

○○○はどうですか?

Wie ist KAGAWA?
ヴィー イスト カガワ

香川選手(の調子)はどうですか?

4 中央駅・ホテルからスタジアムまで

　ブンデスリーガのクラブのスタジアムは、中央駅からアクセスが比較的簡単なところにあります。ホテルから行くなら、まず最寄駅から中央駅に行くとわかりやすいでしょう。試合当日は、開始の2時間くらい前から街のいたるところでサポーターがレプリカユニフォームやマフラーを纏ってビールを飲んでいます。1時間半前から2時間前には開場になるので、人の流れに従って行けば、迷うことはありません。
　「自分の力」でスタジアムを目指してみましょう。

| Kapitel 3 | Viel Spaß um dem Stadion | スタジアム観戦を楽しむ

4-1 | スタジアムへタクシーで行く

中央駅の近くには、タクシー乗り場がありますが、まずはタクシー乗り場の場所を聞きましょう。

Wo ist der Taxistand / die Taxistelle?

ヴォー イスト デア タクスィーシュタント / ディー タクスィーシュテレ

タクシー乗り場はどこですか?

ホテルのフロントでタクシーを呼んでもらいましょう。

Ich möchte ein Taxi bestellen.

イヒ メヒテ アイン タクスィー ベシュテレン

《丁寧に》タクシーを1台呼んでほしいんですが。

Ein Taxi bitte.

アイン タクスィー ビッテ

《簡単に》タクシーを1台お願いします。

無事にタクシーに乗れたら、スタジアムへ向かってもらいましょう。

Fahren Sie bitte zum ○○○ Stadion.

ファーレン ズィー ビッテ ツム ○○○ シュターディオン

○○○スタジアムまでお願いします。

スタジアムにはゲートが数箇所ありますので、チケットを持っている場合は、運転手にチケットを見せて、最寄りのスタジアムの入口へ向かってもらいましょう。

Das ist meine Eintrittskarte.
ダス イスト マイネ アイントリッツカルテ

これが私の(試合の)入場チケットです。

当日にスタジアムでチケットをピックアップするなら、まず運転手にピックアップ場所を知っているか聞いてみましょう。知っていればその近くへ向かってくれるはずです。スタジアムに着いてから、チケットのピックアップ場所を聞く場合も同じ表現でOKです。

Wissen Sie, wo die Tickethinterlegung am Stadion ist?
ヴィッセン ズィー ヴォー ディ ティケットヒンターレーグング アム シュターディオン イスト

スタジアムのチケット引き取り所の場所を知っていますか?

| Kapitel 3 | Viel Spaß um dem Stadion | スタジアム観戦を楽しむ |

| 4-2 | スタジアムへ電車で行く

　事前に試合観戦チケットを入手している場合、試合の当日は市内の公共交通機関は乗り放題なので、乗車券を購入する必要はありません。当日にスタジアムでチケットをピックアップする場合には、乗車券を購入してください。券売機の場所を聞き、乗車券を購入しましょう。

Wo ist der Fahrkartenautomat?
ヴォー イスト デア ファーカルテンアウトマート
乗車券自動券売機はどこですか？

Ich möchte mit der Bahn zum Stadion fahren.
イヒ メヒテ ミット デア バーン ツム シュターディオン ファーレン
私は電車でスタジアムまで行きたいのですが。

Welches Ticket muss ich kaufen?
ヴェルヒェス ティケット ムス イヒ カウフェン
どのチケットを買わなくてはいけませんか？

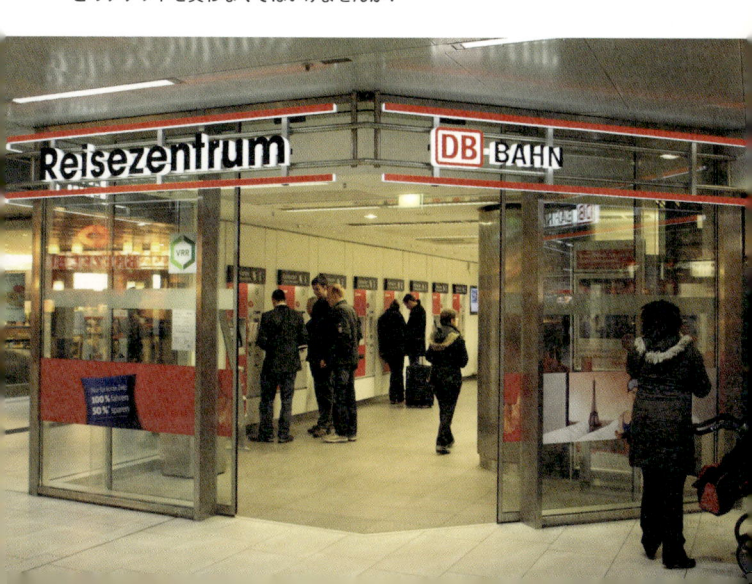

試合当日、すでに観戦チケットを持っているなら、駅構内で駅員などに確認すれば、安心ですね。観戦チケットを見せながら尋ねてみましょう。

Kann ich mit diesem Ticket zum Stadion fahren?
カン イヒ ミット ディーゼム ティケット ツム シュターディオン ファーレン
このチケットでスタジアムまで行くことができますか？

路面地図などを見てスタジアム行きの電車を探しましょう。みつからなかった場合は、スタジアム行きの電車がどれなのかを聞いてみましょう。

Welche Bahn fährt zum Stadion?
ヴェルヒェ バーン フェールト ツム シュターディオン
どの電車がスタジアム行きですか？

試合当日は、混乱を避けるために、運転本数が増やされますが、試合開始時間が近づくと、どの電車も満員になります。時間に余裕を持ってスタジアムには到着できるようにしておいたほうがいいでしょう。

電車がこみだすと、電光掲示板に表示されている時間通りには電車が来なかったりします。そんなときは次の電車がいつ来るのか聞いてみるといいですね。

Wann kommt die nächste Bahn?
ヴァン コムト ディ ネヒェステ バーン
次の電車はいつ来ますか？

5 スタジアムで

5-1 持ち物チェック

　スタジアムの入口では、必ずボディチェックと持ち物検査があります。爆竹や発炎筒などの危険物の持ち込みや、ピッチへ投げ込まれる可能性のあるペットボトルも禁止されています。デジタルカメラの持ち込みは問題ありませんが、一眼レフの場合、スタジアムや検査官によって預けるように言ってくることがありますので注意してください。観光客で、日本人だと分かれば、一度ダメだと言われても、「ビッテ〜」とお願いすると返してくれることもあります。すぐに諦めずに、粘ってみてください。

屋根が開閉式のスタジアムでも、ブンデスリーガのリーグ戦の場合は公平さを保つために屋根を開いた状態で開催されます。身体の芯まで凍てつくような真冬の試合観戦には、インナーの重ね着など十分な防寒対策が必須です。使い捨てカイロは、非常に重宝します。ファンショップには、ブランケットや座席用の折り畳み座布団も売っていますが、日本から持参してもよいでしょう。

　雨天時には、屋根がある場所でも雨が吹き込んできますので、雨具の用意を忘れずに！　レインコート、マフラー、ニット帽が便利です。傘はお勧めできません。ブンデスリーガは観客が多いですから、周りにもびっしりとお客さんが座っています。そんななか、一人傘を差すと周りにかなり迷惑を掛けることになるのはお分かりになるでしょう。移動中の雨に備えて、折りたたみ傘を持参しておくとよいでしょう。

5-2 | 持ち物チェックのときに知っておきたいドイツ語

die Tasche
タッシェ

かばん

die Handtasche
ハントタッシェ

ハンドバッグ

der Rucksack
ルックザック

リュックサック

das Portmonee
ポルトモネェ

財布

die Digitalkamera
ディギタルカメラ

デジタルカメラ

das Handy
ヘンディ

携帯電話

der Ausweis
アウスヴァイス

身分証明書

der Pass
パス

パスポート

der Tourist
トゥアリスト

観光客

| 5 | スタジアムで |

der Regenschirm レーゲンシルム	傘
die Jacke ヤッケ	ジャケット
die Regenjacke レーゲンヤッケ	レインコート
der Regenmantel レーゲンマンテル	レインコート
der Pullover (= *die* Pulli) プルオーバー　　　プリー	トレーナー、セーター
die Kaputze カプーツェ	(パーカーの) フード
pl. Handschuhe ハントシューエ	手袋
die Taschenwärmer タッシェンヴェルマー	カイロ
das Kissen キッセン	座布団、クッション
der Schal シャール	マフラー
die Flasche フラッシェ	瓶
die Dose ドーゼ	缶

6 スタジアム内での買い物

6-1 | スタジアム新聞/雑誌

　毎試合ごとに新聞や雑誌を発行して、スタジアムで手売りをしています。スポンサー名も掲載しているパンフレットには、その試合の情報がたっぷり詰まっていて便利ですし、試合当日にしか手に入りませんので、記念にもなります。

　クラブ発行の機関誌に名前が付いているものもあります。例えば 1. FCケルンは「GEISSBOCK」(ガイスボック)、フォルトナは「FORTUNA AKTUELL」(フォルトナ・アクトゥエル)。1〜2ユーロくらいとお手頃です。

> *die* Stadionzeitung　　　スタジアム新聞
> 　シュターディオンツァイトゥング
>
> *das* Stadionheft　　　　スタジアムパンフレット
> 　シュターディオンヘフト

どこで売っているのか分からないときは聞いてみましょう。

Wo kann man die Stadionzeitung kaufen?
ヴォー カン マン ディ シュターディオンツァイトゥング カウフェン
どこでスタジアム新聞が購入できますか？

6-2 ファングッズ

　スタジアム内に、数箇所ファンショップが設けられ、グッズが販売されています。人気クラブのグッズは日本からインターネットで購入できますが、現地でしか手に入らないグッズもたくさんあります。

　マウスパッド、灰皿、ライターなど、いろいろな種類があり、迷ってしまいます。小さいお子さんへのお土産には、赤ちゃん・子供グッズがおすすめです。赤ちゃんの前掛け、繋ぎの洋服、寝袋、おしゃぶり、タオル、Tシャツなど、とにかく豊富な種類を取り揃えています。

　ちょっと変わっていてお勧めなのはアヒルの置きもの。どのクラブにも2〜3種類ずつありますが、地域の特色を活かしたアレンジをしていて、眺めているだけでもほのぼのしてきます。1つ5〜7ユーロとお手頃ですし、日本人選手が所属するチームを集めて、選手からサインをもらえば、ちょっとしたコレクションになります。

| Kapitel 3 | Viel Spaß um dem Stadion | スタジアム観戦を楽しむ

der Fanshop
フェンショップ

ファンショップ

das Trikot
トリッコー(ト)

ユニフォーム

das Heimtrikot
ハイムトリッコー(ト)

ホームユニフォーム

das Auswärtstrikot
アウスヴェルツトリッコー(ト)

アウェーユニフォーム

kurze Hose
クルツェ ホーゼ

ショートパンツ

der Wimpel
ヴィンペル

ペナント

der Aufkleber
アウフクレーバー

ステッカー

die Tasse
タッセ

マグカップ

pl. Babysachen
ベイビーザッヘン

赤ちゃん用品

die Badeente
バーデエンテ

お風呂用のアヒル

der Schal シャール	マフラー	
die Mütze ミュッツェ	ニット帽子	
der Handschuh ハントシュー	手袋	
das Handtuch ハントトゥーフ	タオル	
die Fahne ファーネ	旗	

| Kapitel 3 | Viel Spaß um dem Stadion | スタジアム観戦を楽しむ

| 6-3 | 売店

　ブンデスリーガのスタジアムでは、売店の前に並んで現金を出しても飲食物は買えません。長い列の後ろに並び、ようやく自分の番が来たら、「現金じゃダメだよ」という経験をした人を何人も知っています。実は、飲食物を効率よく販売をするために、「Geldkarte（ゲルトカルテ）」というプリペイドカードが導入されています。

　売店の近くには、必ずGeldkarteの販売、チャージをする人が待機しています。黄色いビブスを着ていたりするので、すぐにみつかりますし、発券窓口が近くにあります。チャージしたい金額を渡せば、カードにチャージして渡してくれます。最初にカードを受け取るときは、カードの保証金が引かれた金額がチャージされています。例えば20ユーロ渡すと、カードの保証金2ユーロが差し引かれて、18ユーロ分がチャージされていることになります。もちろん2回目以降はそのGeldkarteを渡せばよいので、その場合は保証金を引かれることはありません。試合後、販売員か販売所にカードを返せば、保証金は返金されます。

　飲み物を注文すると、コップに「Pfand（プファンド）」という保証金が掛かります。1〜3ユーロくらいで、返却すればお金は返してもらえます。凝ったデザインのカップを用意しているクラブもあります。気に入ったら持って帰れます。

| 6 | スタジアム内での買い物 |

die Speisekarte シュパイゼカルテ	メニュー
die Wurst ヴルスト	ソーセージ
mit Brötchen ミット ブレートヒェン	パンと一緒に
die Currywurst カリーヴルスト	カレーソーセージ
pl. Pommes ポメス	ポテト
die Frikadelle フリカデレ	ハンバーグ
die Brezel ブレーツェル	（8の字形の塩味の）ビスケットパン
die Mayo（= Mayonnaise） マヨ　　　　マヨネーゼ	マヨネーズ
der/das Ketchup ケチャップ	ケチャップ
der Senf ゼンフ	マスタード、からし

| Kapitel 3 | Viel Spaß um dem Stadion | スタジアム観戦を楽しむ |

| *die* Getränkekarte | ドリンクメニュー |
| ゲトレンケカルテ | |

| Cola | コーラ |
| コーラ | |

| Apfelschorle | りんごジュースの炭酸割 |
| アプフェルショーレ | |

| Fanta | ファンタ |
| ファンタ | |

| Sprite | スプライト |
| スプライト | |

| *das* Wasser | 水 |
| ヴァッサー | |

| Wasser mit Kohlensäure | 炭酸水 |
| ヴァッサー ミット コーレンゾイレ | |

| Wasser ohne Kohlensäure | ガス抜き水 |
| ヴァッサー オーネ コーレンゾイレ | |

| *das* Bier | ビール |
| ビア | |

| *das* Pils | ピルス（ビール） |
| ピルス | |

| *das* Altbier | アルトビール |
| アルトビア | |

| *das* Weizenbier | ヴァイツェンビール |
| ヴァイツェンビア | |

| *das* Kölschbier | ケルシュビール |
| ケルシュビア | |

7 チケットの見方（ブロック・列・番号）

　ブンデスリーガ観戦チケットは、クラブによってサイズも色も書き方も違います。また、スタジアムによって1階席と2階席があるところもあります。まずは自分の席がどこなのかをしっかり自分で見つけましょう。席が分かれば一安心ですよね。

① **Block**　　ブロック　　スタジアム内、スタンドへ出るときのカテゴリーの番号
② **Rheihe**　　列　　　　スタンドにて席の列の番号
③ **Platz**　　　座席　　　それぞれの席の番号

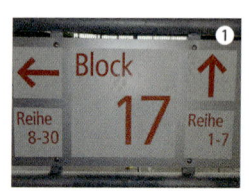

④ **スタジアム概観**　　自分のブロックがどこか確認できます。
⑤ **市内の公共交通機関について**
　　　　　　　　　　　試合当日、観戦チケットに市内公共交通機関の運賃が含まれていることが記載されています。

8 アウェーサポーターエリア

| 8-1 | アウェー席

　安全管理上、アウェー側の入口は、ホーム側の入口とは別になっています。先行販売チケットがすべて売り切れてしまっていても、アウェー席のチケットが余っていれば、当日券として販売されますが、入口が違いますので、注意してください。アウェーにまで応援に来る人たちがいるエリアですので、熱狂的なサポーターも混じっています。問題を起こさないためにも、アウェー席でホームチームのレプリカユニフォームを着て応援するなどの行為は避けるようにしてください。

8-2 | アウェーファンのための臨時列車

　アウェーのサポーターが安全に帰路につけるように、試合後、アウェーサポーター専用の電車を用意していることがあります。試合会場で、ドイツ語のお知らせが放送されたりします。アウェーのサポーターで電車で帰る人は、試合後はそのアナウンスに従って動きますので、もしお気に入りのクラブのアウェーの試合観戦に行くなら、次のドイツ語を確認をしながら、行動をともにすれば安全に速やかに帰路につけるかもしれません。

例えば、ドルトムントがアウェーでフランクフルトと対戦した場合

Gibt es heute den Sonderzug für die Gästefans?
ギープト エス ホイテ デン ゾンダーツーク フュア ディ ゲステフェンズ
今日はアウェーのファンのための臨時列車はありますか？

Bis wohin fährt der Sonderzug?
ビス ヴォーヒン フェールト デア ゾンダーツーク
臨時列車はどこまで行きますか？

| Kapitel 3 | Viel Spaß um dem Stadion | スタジアム観戦を楽しむ |

Fährt der Sonderzug bis Frankfurt Hbf?
フェールト デア ゾンダーツーク ビス フランクフルト ハウプトバーンホーフ

臨時列車はフランクフルト中央駅までですか？

Fährt der Sonderzug bis Dortmund Hbf?
フェールト デア ゾンダーツーク ビス ドルトムント ハウプトバーンホーフ

臨時列車はドルトムント中央駅までですか？

Wann fährt der Sonderzug ab?
ヴァン フェールト デア ゾンダーツーク アップ

臨時列車はいつ発車しますか？

Von welchem Bahnsteig fährt der Sonderzug ab?
フォン ヴェルヒェム バーンシュタイク フェールト デア ゾンダーツーク アップ

臨時列車はどのホームから発車しますか？

Muss man die Fahrkarte kaufen?
ムス マン ディ ファーカルテ カウフェン

乗車券を買わなくてはなりませんか？

9 スタジアムで120％楽しむために

| 9-1 | ドイツ人サポーターとコミュニケーション

Ich komme aus Japan（aus Tokyo）.
イヒ コメ アウス ヤーパン（アウス トーキョー）

私は日本（東京）から来ました。

Ich bin Japaner/Japanerin.
イヒ ビン ヤパーナー（男性の場合）/ ヤパーナーリン（女性の場合）

私は日本人です。

Mein Name ist ［自分の名前］.
マイン ナーメ イスト ［自分の名前］

私の名前は［自分の名前］です。

Deutschland gefällt mir gut.
ドイチュランド ゲフェールト ミア グート

私はドイツを気に入っています。／ 私はドイツが好きです。

Ich bin ［クラブ名］Fan.
イヒ ビン ［クラブ名］フェン

私は［クラブ名］のファンです。

Heute gewinnt ［クラブ名］!!
ホイテ ゲヴィント ［クラブ名］

今日は［クラブ名］が勝つよ!!

[選手名] ist gut.

[選手名] イスト グート

[選手名]は良いよね。

[選手名] schießt ein Tor.

[選手名] シースト アイン トア

[選手名]がゴールを決めるよ。

Die Stimmung ist gut.

ディ シュティムング イスト グート

雰囲気が良いなぁ。

tolle Stimmung

トレ シュティムング

最高の雰囲気

(Lass uns) zusammen ein Foto machen!!

ラス ウンス ツザメン アイン フォト マッヘン

一緒に写真を撮りましょう!!

Prost!!

プロスト

乾杯!!

Auf Wiedersehen!!

アウフ ヴィーダーゼーン

さよーならー!!

gut / super / wunderbar / klasse / weltklasse / toll
グート / ズーパー / ヴンダバー / クラッセ / ヴェルトクラッセ / トル

良い、素晴らしい

Unglaublich!!
ウングラウブリッヒ

信じられない!!

Wer hat das Tor gemacht?
ヴェア ハット ダス トア ゲマハト

誰がゴールを決めたの?

Wie steht es?
ヴィー シュテート エス

スコアはどうなってる?

Gewonnen!!

ゲヴォネン

勝ったー!!

Verloren...

フェアローレン

負けた…

gut gemacht / gut gespielt

グート ゲマハト / グート ゲシュピールト

よくやったよ / ナイスプレーだったよ

Ich bin sehr zufrieden.

イヒ ビン ゼア ツーフリーデン

私はとても満足です。

Ich bin sehr froh.

イヒ ビン ゼア フロー

私はとても嬉しいです。

Das ist schade.

ダス イスト シャーデ

これは残念だ。

Ich bin enttäuscht.

イヒ ビン エントイシュト

私はとってもガッカリしています。

Ich bin sauer.

イヒ ビン ザウアー

私は腹立たしい、悔しい。

Ich bin stolz auf ［選手名/クラブ名］.

イヒ ビン シュトルツ アウフ［選手名/クラブ名］

私は［選手名/クラブ名］を誇りに思います。

Ich komme auf jeden Fall wieder!!

イヒ コメ アウフ イェーデン ファル ヴィーダー

私は絶対にまた来ますからね*!!*

Schönen Tag noch!!

シェーネン ターク ノホ

よい一日を*!!*

Schönen Abend noch!!

シェーネン アーベント ノホ

良い夜を*!!*

Bis nächstes mal!!

ビス ネヒステス マル

また次回ね*!!*

Tschüs!! / Ciao!!

チュース / チャオ

バイバーイ*!!*

この3つのことばは、あまり口にしないほうがいいでしょう。

Scheiße!!
シャイセ
クソー!!

Mann!!
マン
このヤロー!!

Arschloch!!
アーシュロッホ
クソヤロー!!（お尻の穴の意）

| 9 | スタジアムで120%楽しむために |

| 9-2 | 簡単なサッカー用語あれこれ

erste Halbzeit エアステ ハルプツァイト	前半
die Halbzeit ハルプツァイト	ハーフタイム
zweite Halbzeit ツヴァイテ ハルプツァイト	後半
die Nachspielzeit ナーハシュピールツァイト	アディショナルタイム
der Anstoß アンシュトース	キックオフ
der Abstoß アップシュトース	ゴールキック
die Ecke (*der* Eckstoß) エッケ（エックシュトース）	コーナーキック
der Freistoß フライシュトース	フリーキック
der Strafstoß シュトラーフシュトース	ペナルティキック
der Elfmeter エルフメーター	PK ＊PKの通称。直訳すると「11メートル」。
der Einwurf アインヴルフ	スローイン

| Kapitel 3 | Viel Spaß um dem Stadion | スタジアム観戦を楽しむ |

das Abseits　　　　　　　　　オフサイド
アブザイツ

gelbe Karte　　　　　　　　　イエローカード
ゲルベ カルテ

rote Karte　　　　　　　　　　レッドカード
ローテ カルテ

das Tor　　　　　　　　　　　ゴール
トーア

der Schiedsrichter　　　　　　審判
シーヅリヒター

der Trainer　　　　　　　　　監督
トレーナー

10 クラブ別の代表的な応援歌

サポーターが応援のときに歌っている応援歌。全部じゃなくても1曲2曲、簡単なものを一緒に歌えたら、より一体感を感じられるのではないでしょうか。どこの試合を観に行くか決まっている人は、そのクラブの応援歌を何曲か書き出しておいて、持って行くというものよいかもしれません。インターネット（YouTubeなど）で以下の単語を入れると、いろいろ出てきますよ。

［クラブ名］＋ Fangesänge

パソコンのキーボードにドイツ語を設定していないとAの上に点々が付く（ウムラウトといいます）文字は打てませんが、その場合は「Fangesange」でも問題ありません。

代表的な応援歌をいくつか紹介しておきます。クラブによって少しずつ違います（クラブ名を入れるところなど）が、ドイツ語で呪文のように聞こえてくる部分がクリアになったら、もっと楽しくなるはずです。

| Kapitel 3 | Viel Spaß um dem Stadion | スタジアム観戦を楽しむ

10-1 オーソドックスなファンソング・掛け合い

ゴールを要求する歌。どこのクラブでも歌われています。

Schieẞt ein Tor für uns
シースト アイン トア フュア ウンス

Auf geht's ○○○ schieẞt ein Tor (3回くりかえす)
アウフ ゲーツ ○○○ シースト アイン トア

「○○○ファンだったら立ち上がれ」とサポーターがサポーターに問いかける歌。この歌が始まると、手拍子とともにそのクラブのファンは立ち上がります。

Steht auf wenn ihr ○○○ seid! (4回くりかえす)
シュテート アウフ ヴェン イヤー ○○○ ザイト！

ゴールが決まったあとの場内放送で、ホームチームの得点数を全員でコールし、相手チームは何点入っていても 0 [ヌル] と言う。例えばシャルケがバイエルンを相手にゴールを決めた場合、

場内放送：	**Schalke?**	シャルケ？
サポーター：	**Eins!!**	アインツ!!
場内放送：	**Bayern??**	バイエルン??
サポーター：	**Null!!**	ヌル!!
場内放送：	**Danke!!**	ダンケ!!
サポーター：	**Bitte!!**	ビッテ!!

試合に勝ったあとによく歌う歌 1

勝利後、「こんなに素晴らしいことは久しぶりだよ」と喜びを噛み締める歌。

Ooooh wie ist das schön, ooooh wie ist das schön,
オー ヴィー イスト ダス シェーン オー ヴィー イスト ダス シェーン

sowas hat man lange nicht gesehn so schön, so schön
ゾーヴァス ハット マン ランゲ ニヒト ゲゼーン ゾー シェーン ゾー シェーン

試合に勝ったあとによく歌う歌 2

アウェーでの勝利後は、「アウェー勝利だ！」と連呼し、ホームクラブに対する優越感を誇示します。

Auswärtssieg!! Auswärtssieg!! Auswärtssieg!! Auswärtssieg!!
アウスヴェルツズィーク アウスヴェルツズィーク アウスヴェルツズィーク
アウスヴェルツズィーク

勝利を祝う歌「Humba(フンバ)」

「Hinsetzen」コールで選手がサポーターを座らせる。

Hinsetzen Hinsetzen Hinsetzen...

ヒンゼッツェン ヒンゼッツェン ヒンゼッツェン

「HUMBA」を1文字ずつコールし、最後は飛び跳ねて踊る。

Gebt mir ein „H", gebt mir ein „U", gebt mir ein „M",

ゲープト ミア アイン ハー ゲープト ミア アイン ウー ゲープト ミア アイン エム

gebt mir ein „B", gebt mir ein „A", Ausrufezeichen!!

ゲープト ミア アイン ベー ゲープト ミア アイン アー アウスルーフェツァイヒェン

Wir singen HUMBA, HUMBA, HUMBA, Täterä! Täterä! Täterä!

ヴィア ズィンゲン フンバ フンバ フンバ テーテレー テーテレー テーテレー

| 10-2 | 名門クラブのファンソングあれこれ

名門クラブの代表的なファンソングをいくつか紹介しましょう。機会があれば、スタジアムで是非一緒に歌ってみてくださいね。

メンヒェングラッドバッハ

Oh welch ein Glück oh welch ein Glück oh welch ein Glück für unsere Stadt, wir haben wieder eine Mannschaft, die in die Bundesliga passt

オー ヴェルヒ アイン グリュック×2 オー ヴェルヒ アイン グリュック フュア ウンゼレ シュタット
ヴィア ハーベン ヴィーダー アイネ マンシャフト ディ イン ディ ブンデスリーガ パスト

Ohne Gladbach wär hier gar nix los

オーネ グラッドバッハ ヴェア ヒア ガー ニクス ロス

| 10 | クラブの代表的な応援歌 |

シャルケ

Ole ole, ole ole FC Schalke 04, FC Schalke 04, FC Schalke 04 (3回くりかえす)

オレ オレ オレ オレ エフツェー シャルケ ヌルフィア

Auf geht's Schalke schieß ein Tor, schieß ein Tor, schieß ein Tor (3回くりかえす)

アウフ ゲーツ シャルケ シース アイン トア

Oh oh oh, oh oh oh, vorwärts FC Schalke, schieß ein Tor für uns

オー オー オー オー オー オー フォアヴェルツ エフツェー シャルケ シース アイン トア フュア ウンス

Schalalalalala Schalalalalala Schalke 04

シャラララララー シャラララララー シャルケ ヌルフィア

Schalalalalala Schalalalalala Scheiße 04

シャラララララー シャラララララー シャイセ ヌルフィア

シャルケの応援歌をもじったもので、シャルケを皮肉る歌。シャルケと対戦するクラブはたいてい歌う。

バイエルン

Oooleeee rot-weiß, oooleeee rot-weiß, oooleeee rot-weiß ooleeee,

オーレー ロートヴァイス オーレー ロートヴァイス オーレー ロートヴァイス オーレー

immer wieder immer wieder immer wieder FCB,

イマー ヴィーダー イマー ヴィーダー イマー ヴィーダー エフツェーベー

von der Elbe, bis zur Isar, immer wieder FCB

フォン デア エルベ ビス ツァ イザール イマー ヴィーダー エフツェーベー

Die Nummer 1! die Nummer 1! die Nummer 1 der Welt sind wir!

ディ ヌマー アインツ ディ ヌマー アインツ ディ ヌマー アインツ デア ヴェルト ズィント ヴィア

ドルトムント

Schalalalala lala lalalalalala, schalalalala lala lalalalalala,

シャラララララ ララ ラララララララ シャラララララ ララ ラララララララ

Wer wird deutscher Meister?

ヴェア ヴィルト ドイチャー マイスター

BVB BORUSSIA, wer wird deutscher Meister? BORUSSIA BVB

ベーファオベー ボルシア ヴェア ヴィルト ドイチャー マイスター ボルシア ベーファオベー

BORUSSIA Shalalalalalala, BORUSSIA Shalalalalalala

ボルシア シャラララララララ ボルシア シャラララララララ

ケルン

Unsere Heimat unsere Liebe, unser Stolz ist Köln am Rhein（3回くりかえす）

ウンゼレ ハイマート ウンゼレ リーベ ウンザー シュトルツ イスト ケルン アム ライン

1. Fußballclub Köln（4回くりかえす）

エアスター フースバルクルップ ケルン

シュトゥットガルト

Allez VfB Allez, oh oh oh, Allez VfB Allez, oh oh oh,
アレ ファオエフベー アレ オー オー オー

Allez VfB Allez, VfB Allez, oh oh oh
アレ ファオエフベー アレ ファオエフベー アレ オー オー オー

Hoo hoo hoooo, ja der VfB
ホォ ホォ ホー ヤー デア ファオエフベー

Alle Kraft für Dich

Kapitel 4

KENNENLERNEN

ブンデスリーガを知ろう

1 ドイツサッカーとは——ドイツサッカー史

| 1-1 | ドイツ初のサッカークラブ

　サッカーの母国イングランドでは、1800年代からサッカーは盛んに行われていました。1888年にはプロリーグが設立されています。ドイツでも同じ時期にサッカークラブは存在しています。記録に残っているクラブの中で最も古いクラブは、「ドイツフットボールクラブ1878ハノーファー」という芝生スポーツクラブでした。しかしここでは、実際はラグビーが主に行われていました。いわゆる「サッカー」を最初に行なったクラブは、1880年に設立された「ブレーメンサッカークラブ」と、クラブの合併によってフランクフルトに誕生した「ゲルマニア」の2つのクラブです。その後、徐々にドイツ国内にサッカークラブが誕生しますが、多くは1900年代に入ってから設立されています。1900年以前からあったクラブは、体操クラブや陸上クラブだったことも少なくありません。やはりこれらのクラブでサッカークラブとしての活動が活発になるのは、1900年代に入ってからとなります。多くのクラブは、新しく創設された近郊クラブと統合する形で少しずつクラブの形態を変えながら、サッカークラブとしての地位を確立していきました。

| 1-2 | DFBの誕生

　1899年にライプツィッヒ球技スポーツ協会の呼びかけでライプツィッヒで開催された「ドイツ全国共通のスポーツ大会」についての協議が発端となり、1900年にDFB（ドイツサッカー連盟）の設立が決定しました。設立当初は、1800年代にすでに存在した86クラブのみの加盟でした。DFBは、1904年に設立されたFIFA（国際サッカー連盟）に加盟、1954年にはUEFA（欧州サッカー連盟）設立の際にも初期加盟国となっており、長きに渡ってヨーロッパのサッカーの発展に努めてきました。現在（2012年5月）では、国内において約26,000のクラブ、180,000チーム（セカンドチームやサードチームを1チームとして登録するため、チーム数は多くなる）がDFBに加盟しており、その会員数はすでに650万人を超えています。

1-3 ドイツサッカー成長の軌跡

　ドイツサッカーは、1900年代前半は盛んに活動が行われ、ヨーロッパではイングランドに対抗する国としての地位を築きつつありました。しかし、1945年に第二次世界大戦の敗戦国となると、その後4年間はDFBが消滅状態に陥りました。1950年に活動を再開しますが、東西統一を果たす1990年までの38年間は、旧西ドイツにDFB、旧東ドイツにはDFV（東ドイツサッカー協会）という組織がありました。

　1963年に当時の西ドイツで、プロリーグ・ブンデスリーガが設立されました。プロリーグの誕生をきっかけに、ドイツサッカーは飛躍的な進歩を遂げます。

　ドイツ代表は、ワールドカップでは優勝3回（1954年、1974年、1990年）、準優勝4回（1966年、1982年、1986年、2002年）、3位3回（1934年、1970年、2006年）という成績を残しています。またUEFA主催の欧州選手権でも、優勝3回（1972年、1980年、1996年）、準優勝3回（1976年、1992年、2008年）と、国際大会では常に安定した成績を出し続けています。戦後のワールドカップの本大会には、全大会に出場しています。欧州選手権も初出場して予選敗退した1968年大会を除いて、すべて予選を突破し、本大会に出場していることからも、ドイツが近年の世界のサッカー史の中で大きな役割を占めてきたことは間違いありません。

　　　＊戦後から1990年の東西ドイツ統一まで、西ドイツ代表をドイツ代表として概説します。

2 ブンデスリーガ創設期

　1863年、ドイツサッカー界に大きな転機が訪れます。62/63シーズンまでは各地域の優勝チーム同士でトーナメント方式で全国大会を実施し、優勝を決めていましたが、63/64シーズンから全国区のプロリーグ・ブンデスリーガが創設されました。ドイツ国内でのプロリーグの創設については、1932年から何度も協議されていました。そしてすでにプロリーグを持ち、リーグ戦形式を行っていたスペインやイングランド、イタリアに遅れを取っていた状況を踏まえ、1962年6月28日のDFBの会議で、賛成103反対26によって可決され、プロリーグ設立が承認されました。当時のブンデスリーガ参入条件は、競技能力が十分であり、社会的・経済的基盤も充実していることでした。各地域リーグからのクラブの割り当て数は、南地区・西地区からそれぞれ5クラブ、北地域から3クラブ、南西地区から2クラブ、ベルリン地区から1クラブでした。また、同じ街をホームタウンとするクラブは2つは参入できないという規定を定めました。

　ファーストシーズンは16クラブで行われ、優勝チームは1. FCケルン、準優勝はMSVデュイスブルクでした。ブンデスリーガ創設時から現在まで、一度も1部から降格していないクラブは、かつて高原直泰選手が所属したハンブルガーSVだけです。ハンブルガーSVのスタジアム内には、ブンデスリーガ在籍時間を示す電光掲示板があり（オフィシャルサイトにもその表示があります）、その時は今も刻まれ、その数字はそのまま、ブンデスリーガの刻んできた時間ということになります（2012/13シーズン現在）。

3 ドイツサッカー栄光と盛衰

3-1 ベッケンバウアー率いる常勝軍団ドイツ

　ドイツ代表が最も輝かしい結果を残していたのが1970〜80年代です。この時代を語る上で最も重要な人物は、選手としても監督としてもドイツのサッカーの歴史に大きくその名を刻んだ「皇帝」の愛称を持つフランツ・ベッケンバウアー（Franz Beckenbauer）です。1998年から2010年までDFBの副会長、またバイエルン・ミュンヘン（Bayern München）のクラブ会長も務めました。代表チームが国際大会（ワールドカップ、欧州選手権）で好成績を残しただけでなく、ブンデスリーガのクラブも、ヨーロッパの大会で結果を出したこともあり、ドイツサッカーは名実ともにヨーロッパの頂点を極めました。

3-2 高齢化と世代交代の失敗

　ドイツ代表は1990年代に入ってもまだその力を保持し続けました。ドイツ代表出場歴代1位の記録を持つローター・マテウス（Lothar Matthäus）や、のちに監督としても活躍するユルゲン・クリンスマン（Jürgen Klinsmann）、日本のジェフ市原（現在のジェフ千葉）などでも活躍したピエール・リトバルスキー（Pierre Littbarski）らが中心となって挑んだ1990年のワールドカップイタリア大会では、3度目の優勝を果たしています。後述しますが、1993年から始まった国別FIFAランキングの1位になったことも、当時のドイツの強さの証左と言えるでしょう。

　しかし、この頃のドイツ代表は、結果ばかりを重視し、ほぼ同じメンバーの選出をしていました。育成の遅れが原因で世代交代に失敗し、代表チームの平均年齢が上がりました。1994年ワールドカップアメリカ大会、1998年フランス大会では、ベスト8までは進出しましたが、2000年にベルギー・オランダ共催の欧州選手権では、予選グループで1勝もできず、4チーム中4位という屈辱のなか、予選敗退となりました。この事態を深刻に受け止めたDFBは、2000年より本格的に育成改革に着手することになりました。

3-3 育成改革に成功・ドイツサッカー新時代の幕開け

　DFBは、若いドイツ人選手が育っていないことを問題視し、中長期的な育成システムを確立しました。まず、多くの子供に目を配れるように全国を細かく区分しました。各クラブには、ユースの育成システムを作るように指示し、また国内のリーグを整備し、ドイツ人の若い選手が早くから少しでもレベルの高い環境でサッカーができるようにするなど、精力的に改革を行いました。

　成果は徐々に表れました。2007年U17ワールドカップで、U17ドイツ代表が世界3位になると、2008年のU19欧州選手権大会ではU19ドイツ代表が優勝、2009年にはU17・U21ドイツ代表がそれぞれの世代別の欧州選手権で優勝し、ヨーロッパに衝撃を与えました。

　ドイツ代表は、2000年にはFIFAランキングで19位まで順位を落としていましたが、2006年ワールドカップドイツ大会、2008年欧州選手権（ともに3位）で好成績を残して再びトップ5に返り咲くと、さらに2010年ワールドカップ南アフリカ大会では、育成年代で結果を出していた新しいタレントがフル代表でも躍動し、世界を驚かせました。精神面を全面に押し出し、「ゲルマン魂」で表されるようなかつてのドイツサッカーは影を潜め、新生ドイツ代表は若返り、全員が走ってパスを繋ぐという現代の最先端のサッカーを選手が体現し、育成の成功を世界に知らしめました。

　その後もドイツでは育成年代から次々に素晴らしい能力を持った選手が現れています。近年、十代の選手がトップチームでブンデスリーガデビューを飾っており、これから先もドイツサッカーの未来は明るいと言われています。

4 データで見るドイツサッカー・ブンデスリーガ

4-1 | 国（サッカー協会）別FIFAランキングに見るドイツ

　FIFAは1993年から、FIFAに加盟する国/サッカー協会の代表チームの過去4年分の成績をポイント化し、順位を付けるようになりました。ランキング導入時のトップはドイツでしたが、2000年の欧州選手権で予選敗退し、2001年に12位までランクを落とし、2002年の日韓ワールドカップで3位にはなったものの、2004年のランキングでは19位でした。しかし、2006年のドイツワールドカップでクリンスマン監督率いる代表チームが3位入賞を果たすと、ランキングも再び5位まで上昇、そこからは着実に勝ち星を重ね、2008年には2位にランクされました。ドイツは、育成改革と代表チームの若返りに成功し、その後も国際大会で安定した強さを見せ、ランキングでは常にトップ5に入っています。

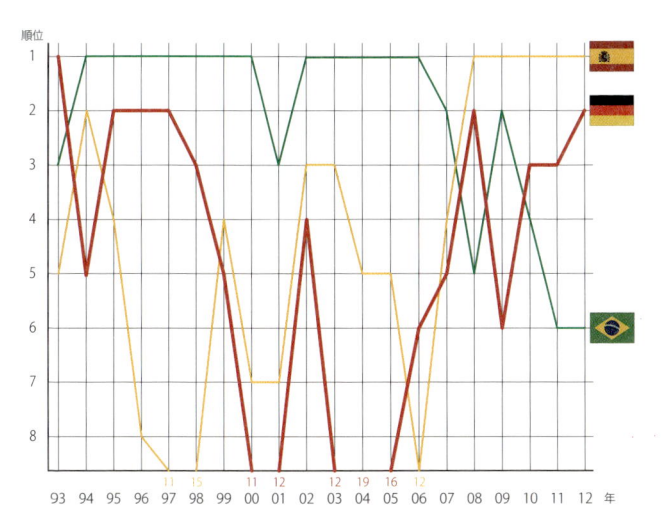

ドイツ・スペイン・ブラジルの1993〜2012年の年間ランキング比較

Quelle: fifa.com

日本は、1998年にワールドカップ初出場を果たしてからは2002年、2006年、2010年と4大会連続で出場を果たしています。2010年大会でのベスト16進出、2011年のアジアカップ優勝なども影響し、2011年4月には、FIFAランキングも過去最高の13位を記録しました。

現在のFIFAランキング（2012年4月）

順位	国/協会	ポイント
1	スペイン	1442
2	ドイツ	1345
3	ウルグアイ	1309
4	オランダ	1207
5	ポルトガル	1190
6	ブラジル	1165
7	イングランド	1132
8	クロアチア	1114
9	デンマーク	1069
10	アルゼンチン	1066
11	ロシア	1049
12	イタリア	1041
13	チリ	967
14	ギリシャ	961
15	コートジボアール	951
30	日本	753

Quelle: fifa.com

4-2 リーグ別UEFAランキング

リーグ別UEFAランキングは、UEFAに加盟している53ヶ国/協会を対象に、各国協会所属クラブが過去5シーズンにCL（チャンピオンズリーグ）及びEL（ヨーロッパリーグ）で獲得したポイントを集計し、算出されます。勝ち2点、引き分け1点、負け0点で出場クラブの獲得ポイントすべてを合計し、出場クラブ数で割ることで、各国協会の獲得ポイントが決定します。また、予選のポイントは半分、CL/ELともに準決勝以降は勝ち進むごとにボーナス1点が加算され、さらにCLの本戦に出場したクラブにもその時点でボーナス4点が与えられます。CLとELの出場クラブ数は、順位によって決められています。適用は翌々シーズンからです。

リーグ別UEFAクラブランキング上位20ヶ国（11/12シーズン結果）

順位	リーグ（国/協会）	CL出場枠（本戦）	CL出場枠（予選）	EL出場枠
1	イングランド	3	1	3
2	スペイン	3	1	3
3	ドイツ	3	1	3
4	イタリア	2	1	3
5	ポルトガル	2	1	3
6	フランス	2	1	3
7	ロシア	1	1	4
8	オランダ	1	1	4
9	ウクライナ	1	1	4
10	ギリシャ	1	1	3
11	トルコ	1	1	3
12	ベルギー	1	1	3
13	デンマーク		2	3
14	スイス		2	3
15	オーストリア		2	3
16	キプロス		1	3
17	イスラエル		1	3
18	スコットランド		1	3
19	チェコ		1	3
20	ポーランド		1	3

Quelle: uefa.com

　近年、クラブの経営が悪化し、スペインやポルトガル、トルコや東欧諸国のプロリーグの中には、給料の未払いなどの問題を起こしていますが、ブンデスリーガは堅実な経営を行っているため、世界中から注目を集めています。また、バイエルン、シャルケ04、ブレーメン、シュトゥットガルト、レバークーゼンがCL、ELといったUEFA開催のヨーロッパ大会でよい結果を出していることから、各クラブの評価も上昇しています。UEFAが算出しているUEFAリーグランキングではブンデスリーガは長年4位でしたが、11/12シーズンにはセリエA（イタリア）を抜き、プレミアリーグ（イングランド）、リーガエスパニョーラ（スペイン）について3位に浮上しました。

02/03シーズンから11/12シーズンまでのヨーロッパ5大リーグの順位変動

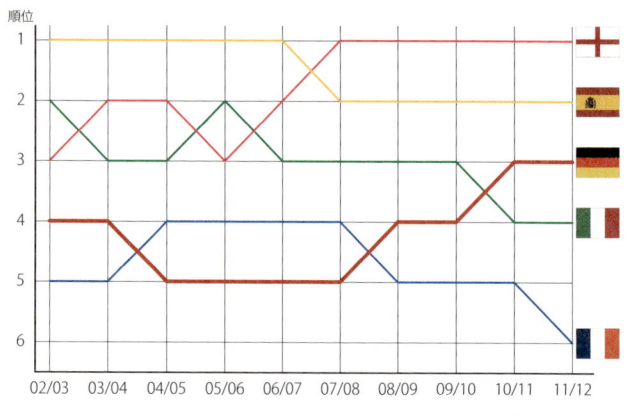

Quelle: uefa.com

4-3 ヨーロッパのクラブのランキング

ドイツのクラブは、ヨーロッパの中でどのクラブがどのくらいに位置しているのでしょう。次のページに1位から20位までを掲載しました。

過去5シーズン分の各クラブの獲得ポイントが対象となります。

2011/12シーズン現在のヨーロッパクラブランキング

順位	クラブ名	所属サッカー協会
1	FCバルセロナ	スペイン
2	マンチェスター・ユナイテッド	イングランド
3	チェルシーFC	イングランド
4	バイエルン・ミュンヘン	ドイツ
5	レアル・マドリード	スペイン
6	アーセナルFC	イングランド
7	FCインテルナツィオナーレ・ミラノ	イタリア
8	アトレチコ・マドリード	スペイン
9	FCポルト	ポルトガル
10	オリンピック・リヨン	フランス
11	リバプールFC	イングランド
12	ACミラン	イタリア
13	バレンシアCF	スペイン
14	SLベンフィカ	ポルトガル
15	オリンピック・マルセイユ	フランス
16	FKシャフタール・ドネツク	ウクライナ
17	スポルティング・リスボン	ポルトガル
18	CSKAモスクワ	ロシア
19	ビジャレアルCF	スペイン
20	FCゼニト・サンクトペテルブルク	ロシア

Quelle: uefa.com

　スペインやイングラドのクラブは、20位以内に多数のクラブが入っているので、リーグ別ランキングで上位に入るのもわかりますが、ドイツは20位以内に、バイエルン1クラブしか入っていませんが、リーグ別ランキングでは3位です。実は、50位以内には6クラブが入っていて、実力の拮抗したリーグの証左とも言えます。

4-4 観客動員数

　リーグの観客動員数を国別に比較すると、ブンデスリーガは10年前に比べて約1.5倍に増加しており、03/04シーズンにヨーロッパリーグの中でトップに躍り出てからは常に最多の動員数を誇り、現在では唯一4万人を超えるリーグとなっています。

ヨーロッパ5大リーグホーム観客動員数推移

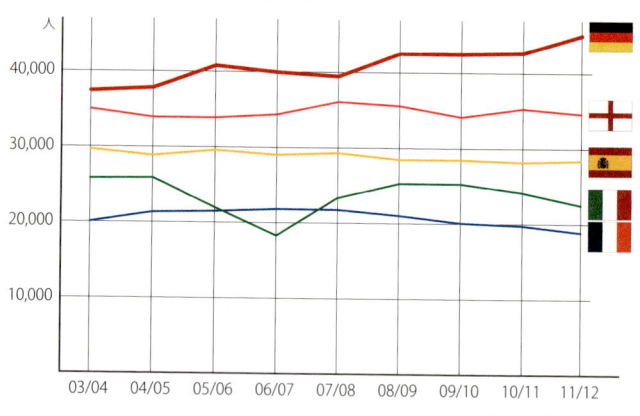

Quelle: worldfootball.net

　ブンデスリーガは、1試合当たり45,000人以上の観客を集めるスポーツイベントです。

　各クラブとも健全な経営をしているため、戦力的に突出したクラブが少なく、小規模なクラブでもホームでのサポーターの後押しがゲーム展開をおもしろくしています。特に、チケットが他の国のリーグに比べて安いので、集客に大きな影響を与えています。プレミアリーグ（イングランド）やリーガエスパニョーラ（スペイン）のチケット平均価格は40ユーロを超えていますが、ブンデスリーガは約22ユーロと、ほぼ半分くらいです。ほとんどのクラブが、スタジアムの　角にファミリーシートと呼ばれる子供連れを対象としたブロックを設けています。ドイツでは残念ながらまだ、スタジアム内での喫煙が認められていますが（11/12シーズン現在）、ファミリーシートに限っては禁煙にするなど、子供連れのファンが安心して気軽にスタジアムへ足を運べ

る環境作りをしていることも、各クラブが行っている営業努力の一つです。
　地元の病院と提携し、その病院で生まれた赤ちゃんに5年分のクラブ会員資格を無料で提供するサービスなどを行うクラブもあります。母親を含め、幼少期から地元のクラブに愛着を持ってもらえるようにしているのです。

4-5 サッカー大国ドイツ

　サッカー大国と呼ばれるドイツですが、ではその由縁はどこにあるのでしょうか。既述の観客動員数は一つの指標になりますが、国によってスタジアムの収容人数が異なりますし、リーグ戦の試合数も違いますから、ブンデスリーガの観客動員数の平均が最も多いからドイツがサッカー大国なのだ、とは言い切れないかもしれません。しかし、イングランドでサッカーを「紳士のスポーツ」と称するのに対して、ドイツでは「大衆のスポーツ」とよく言います。チケットの価格を抑え、少しでも多くの人にスタジアムに足を運んでもらい、サッカーを通じて人生を楽しんでもらおうとする経営努力をしているところからも、そのスタンスをうかがい知れます。きっとドイツ人は、ほかの国よりもサッカー好きが多いのでしょう。

　それを証明するのが以下のアンケート結果になります。ヨーロッパのサッカー5大リーグと呼ばれるのはスペイン・イングランド・ドイツ・イタリア・フランスですが、とりわけ女性のサッカーに対する関心がもっとも高いのがドイツと言われています。

ヨーロッパトップ5リーグの国の女性のサッカーへの関心度(%)

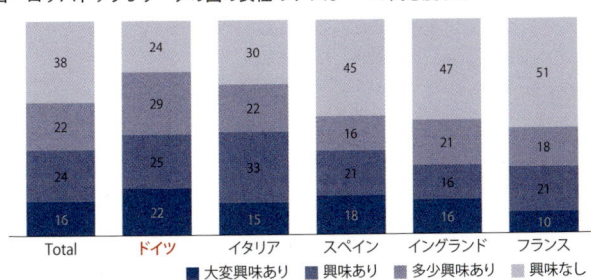

	Total	ドイツ	イタリア	スペイン	イングランド	フランス
大変興味あり	16	22	15	18	16	10
興味あり	24	25	33	21	16	21
多少興味あり	22	29	22	16	21	18
興味なし	38	24	30	45	47	51

Quelle: EUROPEAN FOOTBALL 2009: SPORTFIVE GmbH & Co. KG

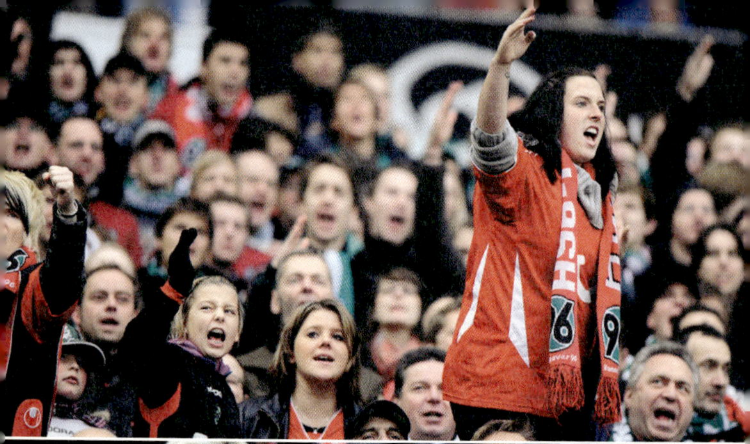

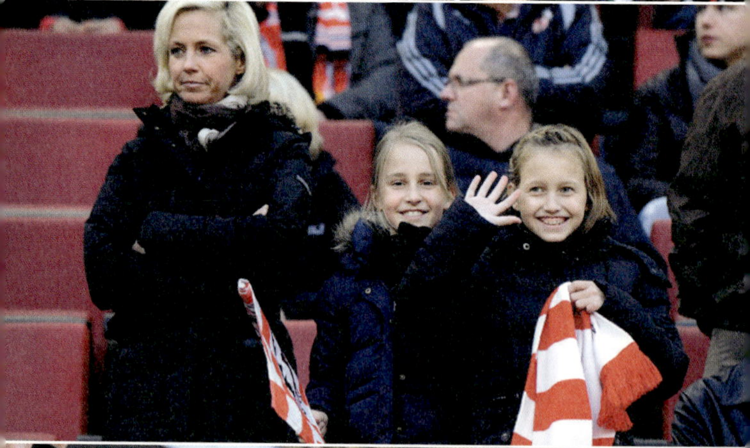

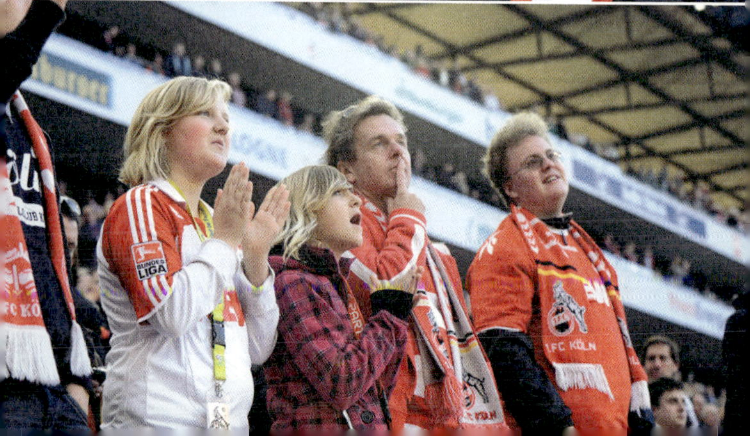
BUNDES LIGA
1.FC KÖLN

| Kapitel 4 | **KENNENLERNEN** | ブンデスリーガを知ろう |

ヨーロッパトップ5リーグの国の男性のサッカーへの関心度(%)

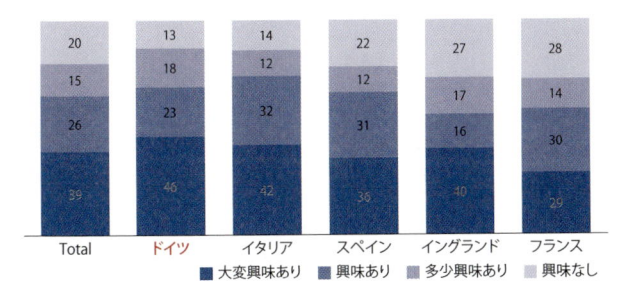

	Total	ドイツ	イタリア	スペイン	イングランド	フランス
興味なし	20	13	14	22	27	28
多少興味あり	15	18	12	12	17	14
興味あり	26	23	32	31	16	30
大変興味あり	39	46	42	36	40	29

Quelle: EUROPEAN FOOTBALL 2009: SPORTFIVE GmbH & Co. KG

ヨーロッパトップ5リーグの国の国民全体のサッカーへの関心度(%)

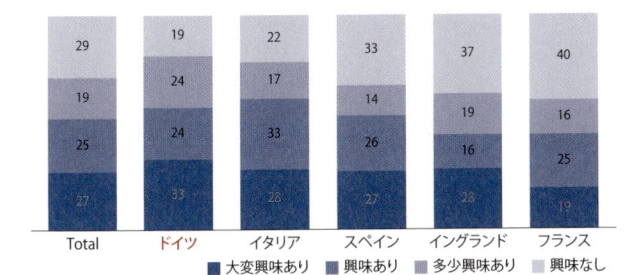

	Total	ドイツ	イタリア	スペイン	イングランド	フランス
興味なし	29	19	22	33	37	40
多少興味あり	19	24	17	14	19	16
興味あり	25	24	33	26	16	25
大変興味あり	27	33	28	27	28	19

Quelle: EUROPEAN FOOTBALL 2009: SPORTFIVE GmbH & Co. KG

　ドイツの女性は「大変興味がある」「興味がある」の占める割合が高く、「少し興味がある」を含めると76%となり、女性の4人に3人はサッカーに少なからず関心があることになります。

　イングランドやフランスの女性は過半数近くが、サッカーに興味を持っていないのですから、「サッカーは男性のスポーツ」と思われてしまってもしょうがありません。しかしドイツ人では、男性も女性もスタジアムに足を運ぶということに対するプライオリティが高いのです。週末にサッカー観戦に行く、デートでサッカー観戦に行く、誰かへのプレゼントにブンデスリーガのチケットを贈る…それが日常であり、だからこそ、「ドイツはサッカー大国」と呼ばれているのでしょう。

5 地域クラブ分布

　ドイツには16の州があり、ブンデスリーガクラブを中心に全国に約26,000のクラブが点在しています。ドイツの国土は約357,000km²で、日本(約378,000km²)より少し小さいくらいですが、南北に伸びた長方形のような形をしており、ドイツ鉄道(Deutsche Bahn)の鉄道網が発達していて、ICE(Inter City Express)と呼ばれる特急で比較的快適に移動できます。

　1日でどこでも行けるわけではありませんので、ブンデスリーガのクラブが多く集まっている地域を5つに分けて紹介しましょう。

| 5-1 | ハンブルク地域

　ドイツ北部に位置する水の都ハンブルクには、ヨーロッパ屈指の歓楽街があります。町中を運河が流れ、運河が形成する地域は非常に美しく、一見の価値があります。

　ハンブルクには、ハンブルガーSV (Hamburger Sport Verein/HSV) とザンクト・パウリ (FC St. Pauli) があります。電車で1時間くらいで行ける町には、ブレーメン (Sportverein Werder Bremen) やハノーファー96 (Hannover 96) などがあります。

5-2 | ベルリン地域

ドイツの首都ベルリンには、ヘルタ・ベルリン（Hertha BSC Berlin）とウニオン・ベルリン（1. FC Union Berlin）があり、近郊にはヴォルフスブルク（VfL Wolfsburg）やエネルギー・コトブス（FC Energie Cottbus）、ディナモ・ドレスデン（1. FC Dynamo Dresden）、エアツゲビルゲ・アウエ（FC Erzgebirge Aue）があり、ベルリンからのアクセスがよいので、ベルリンから日帰りできます。ベルリンは観光名所も多くありますので、サッカー観戦だけでなく、ベルリンの壁やブランデンブルク門などにも足を運んでみてください。

5-3 | デュッセルドルフ地域

この地域には、ブンデスリーガのクラブがひしめいています。デュッセルドルフをホームタウンとするフォルトナ・デュッセルドルフ（Düsseldorfer Turn- und Sportverein Fortuna 1895 e.V.）を中心に、半径100キロ以内にレバークーゼン（Bayer 04 Leverkusen）、MSVデュイスブルク（MSV Duisburg）、1. FCケルン（1. FC Köln）、メンヒェングラッドバッハ（Borussia Mönchengladbach）、ボーフム（VfL Bochum）、シャルケ04（FC Schalke 04）、ドルトムント（Borussia Dortmund）、アーヘン（Alemannia Aachen）、パーダーボルン（SC Paderborn 07）など、多くの強豪クラブがあり、凌ぎを削っています。

ノルトライン・ヴェストファーレン州の州都デュッセルドルフには、日本企業が多く日本人コミュニティが確立されています。海外がはじめての方には安心な街です。ケルン大聖堂やアーヘン大聖堂は、世界遺産に登録されていますので、足を伸ばしてみてはいかがでしょう。

5-4 フランクフルト地域

　日本から最も多くの直行便があるフランクフルトには、アイントラハト・フランクフルト（Eintracht Frankfurt）とFSVフランクフルト（FSV Frankfurt）があります。電車で30分の隣町のマインツには、1. SFVマインツ（1. FSV Mainz 05）があります。1. FCカイザースラウテルン（1. FC Kaiserslautern）、ホッフェンハイム（TSG Hoffenheim）やシュトゥットガルト（VfB Stuttgart）のホームタウンへも、フランクフルトからICEで行けます。

5-5 ミュンヘン地域

バイエルン州は、独特な文化をもっていますので、観光スポットも多く存在します。バイエルン・ミュンヘン（FC Bayern München）、1860ミュンヘン（TSV München von 1860）が、州都ミュンヘンをホームタウンにしています。電車で1時間弱で行けるアウグスブルク（FC Augsburg）やインゴルシュタット（FC Ingolstadt 04 e.V.）も存在します。

1. FCニュルンベルク（1. FC Nürnberg）やグロイター・フュート（SpVgg Greuther Furth）などへのアクセスにも便利です。

6 ブンデスリーガの特徴

| 6-1 | ブンデスリーガ参入規定

　ブンデスリーガ1部と2部に所属するクラブは、2001年に設立されたリーガ協会（Ligaverband）が定める条件を満たし、同リーガに所属するためのライセンスを取得しなければなりません。例えば、シーズン通してクラブを運営していく経済力があること、1年間チームとして競技能力を十分に発揮できること、試合運営時などの十分な安全管理、さらに育成カテゴリーの組織化やスタジアムの設備に関する規定など条件は多岐に渡り、これらをクリアしていないクラブは、たとえ3部で昇格圏内の3位以内に入っても、昇格が認められないこともあります。

　すでにブンデスリーガに所属しているクラブも毎年審査を受けなければなりません。条件を満たしていないと、指摘を受け、改善されない場合は、勝ち点を引かれたり、自動降格となることもあります。加入条件の審査が非常に厳しいため、スペインやイングランドの一部のクラブのように、一企業にクラブを買収されることはありません。大きな負債を抱えることもできないため、高額選手の獲得は難しいですが、つねに監視された状況で健全な経営を行っていることは、ブンデスリーガの最大の特徴です。

6-2 シーズンとチームの入れ替え

　シーズンは7月1日にはじまり、翌年の6月30日に終わります。2回総当りのリーグ戦が行われます。リーグ終了時に、1部の17位と18位のクラブは2部へ自動降格、16位のクラブは2部の3位と入れ替え戦をホーム＆アウェー方式で行います。2部の1位、2位のクラブは1部へ自動昇格、17位18位は3部へ自動降格、16位は3部3位クラブと入れ替え戦をホーム＆アウェー方式で行います。3部の1位と2位は翌シーズンから2部へ自動昇格します。1部の1位と2位は翌年のチャンピオンズリーグ出場権を、3位はチャンピオンズリーグ予選出場権を得ます。また4位5位6位クラブにはヨーロッパリーグ出場権が与えられます。なお、13/14シーズンからは上位3クラブがチャンピオンズリーグ出場権を獲得することになります。このチャンピオンズリーグやUEFAヨーロッパリーグへの出場権は、UEFAランキングによって変動しますが、各国サッカー協会だけでなく、各クラブも、ヨーロッパの大会に出場するクラブ数の増減によって、クラブ経営や協会経営に大きく影響を及ぼすこともあるため、毎シーズン熾烈な戦いが繰り広げられているのです。

Anhang

Schon gewusst?
知ってる？

1 ダービー

有名なホームタウンダービー

　　ハンブルクダービー　　ハンブルガー SV 対 ザンクト・パウリ

　　ベルリンダービー　　ヘルタ・ベルリン 対 ウニオン・ベルリン

　　ケルンダービー　　1. FC ケルン 対 フォルトナ・ケルン

　　フランクフルトダービー
　　　アイントラハト・フランクフルト 対 FSV フランクフルト

隣町、同じ地域の有名なダービー

　　ルールダービー　　ドルトムント 対 シャルケ 04

　　バイエルンダービー　　バイエルン・ミュンヘン 対 1860 ミュンヘン

　　ラインダービー
　　　1. FC ケルン、レバークーゼン、フォルトナ・デュッセルドルフの対戦

　　ノルトダービー　　ハンブルガー SV 対 ブレーメン

特別なダービー

　　ナショナルダービー　　バイエルン・ミュンヘン 対 ボルシア・ドルトムント

　　ボルシアダービー
　　　ボルシア・ドルトムント 対 ボルシア・メンヒェングラッドバッハ

2 ユニフォームについている☆の意味

　04/05シーズン以降、以下の条件を満たしたクラブには、ユニフォームのエンブレムの上に☆を付けられるようになりました。ブンデスリーガ創設された1963年以降に優勝した回数によって☆の数が決められています。

3回ブンデスリーガ優勝をしたクラブ	☆
5回ブンデスリーガ優勝をしたクラブ	☆☆
10回ブンデスリーガ優勝をしたクラブ	☆☆☆
20回ブンデスリーガ優勝をしたクラブ	☆☆☆☆

　過去にバイエルンが21回、グラッドバッハとドルトムントが5回、ブレーメンが4回、ハンブルガーSVとシュトゥットガルトが3回ずつ優勝をしていますから、バイエルンは☆4つ、グラッドバッハとドルトムントは☆2つ、ブレーメン、HSV、シュトゥットガルトは☆1つをつけることが認められていることになります。

3　ブンデスリーガ初代覇者

　ブンデスリーガ63/64シーズンで初めて優勝をしたクラブは、1. FCケルンです。ちなみに1. FCケルンが再びリーガ優勝を果たした77/78シーズンのメンバーには、奥寺康彦の名前があります。

　今では優勝回数21回と圧倒的な強さを誇り、ドイツだけでなく、ヨーロッパを代表するクラブであるバイエルンが初優勝を果たすのは68/69シーズンです。このバイエルンの優勝以前に、同じミュンヘン市でダービーとなる1860ミュンヘン（65/66シーズン）と、こちらも同じ地域でダービーとなる1. FCニュルンベルク（67/68シーズン）がマイスターシャーレ*を獲得しており、バイエルンとしては悔しい思いをしています。

＊マイスターシャーレ：ブンデスリーガ優勝クラブが手にする銀色のお皿

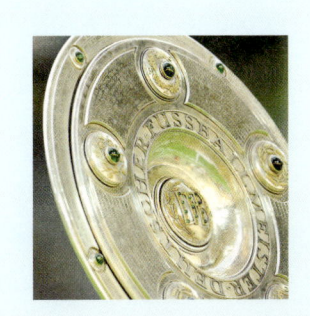

4 前季覇者のブンデスリーガロゴの色

　ブンデスリーガを制したクラブだけは、翌シーズンのブンデスリーガロゴのワッペンの色が金色になります。意外と知られていませんが、ブンデスリーガ（ドイツ）だけでなく、セリエA（イタリア）やJリーグ（日本）もそういうお洒落な細工をしています。Jクラブの昨季優勝チームのユニフォームをよく観察してみてくださいね。

5 クラブ名に付く数字の意味

　ブンデスリーガはもちろんアマチュアも含めて多くのクラブが、クラブの正式名称に数字が入っています。2桁の数字が含まれているチームには、「シャルケ04」、「バイヤー04レバークーゼン」、「1. FSVマインツ05」などがあります。シャルケならば1904年、レバークーゼンも1904年、マインツならば1905年に創設されたことを意味します。「TSG1899ホッフェンハイム」や「TSV1860ミュンヒェン」など、4桁の数字がそのまま含まれている場合もあります。サッカークラブとしての活動は1880年が最初とされていますので、それ以前にサッカークラブは存在しません。しかし、クラブの名前に1880年より前の数字を付けているクラブがたくさんあります。また、1900年DFB創設時の加盟クラブは86クラブだけですが、ドイツ中にそれ以前の数字を付けているクラブがあります。実は、多くのサッカークラブは1900年以降に作られていますが、それ以前にすでに既存した体操クラブや陸上クラブと合併し、創設年の数字だけ古い方を好んで選んだからと言われています。余談ですが、ドイツ人は好んでクラブ名に数字を入れていますが、イギリス人はクラブ名に数字を入れることを好みませんが、好んでFC（Football Club）を名前にいれています。国によって、国民によって嗜好が違うことは間違いありません。

| Anhang | **Schon gewusst?** | 知ってる? |

6 クラブ名の中に含まれているアルファベットの意味

ブンデスクラブの名前によく見かける短縮されたアルファベットの配列。よく見かける代表的なものを分類しながら、正式なドイツ語表記とその和訳をご紹介します。

体操クラブを母体にしていて、その名残が名前に残っているケース

VfL：Verein für Leibesübungen　運動体操クラブ
VfB：Verein für Bewegungsspiele　運動競技クラブ（協会）
TSV：Der Turn- und Sportverein　体操スポーツクラブ（協会）
SpVgg：Die Spielvereinigung　スポーツ結社（協会・グループ・クラブ）

「スポーツクラブ」、「サッカークラブ」などが短縮されたケース

1. FC：1. Fußball Club　一番のサッカークラブ
FSV：Fußballsportverein　サッカースポーツクラブ（協会）
SC：Sport Club　スポーツクラブ
FC：Fußball Club　サッカークラブ
SV：Sport Verein　スポーツクラブ（協会）

クラブカラーを名称に取り込んでいるケース

RW：Rot Weiß　赤白
SW：Schwarz Weiß　黒白

クラブ名の後ろに付いているケース

e.V.：eingetragener Verein　登録団体（協会）
GmbH：Gesellschaft mit beschränkter Haftung　有限責任会社
AG：Aktiengesellschaft　株式会社

著者紹介

瀬田 元吾（せた げんご）

東京都豊島区生まれ、学習院中高等科サッカー部を経て筑波大学へ進学。大学時代も蹴球部に所属し、卒業後は群馬FCホリコシ（関東リーグ／JFL）で2年間プレー。その後、2005年に渡独、フォルトナ・デュッセルドルフのサテライトチームなど、アマチュアのサッカー選手としてプレーする傍ら、一時期はケルン体育大学大学院にも在籍。同大学院を中退後、かつてプレーしたフォルトナのフロントへ研修生として入り、2008年に日本デスクを設立。デュッセルドルフの日本人社会を巻き込み、フォルトナが日本人にとって、身近な「我が町のクラブ」になるよう試行錯誤を続けている。サッカーを通じ、日独の架け橋になっていくことが目標。

ドイツサッカーを観に行こう！
ブンデスリーガ×ドイツ語

2012年8月20日　第1刷発行

著　者　瀬田元吾
発行者　前田俊秀
発行所　株式会社三修社
　　　　〒150-0001 東京都渋谷区神宮前2-2-22
　　　　TEL 03-3405-4511　FAX 03-3405-4522
　　　　振替 00190-9-72758
　　　　http://www.sanshusha.co.jp/
　　　　編集担当　永尾真理

装丁・本文デザイン　秋田康弘

カバー・本文写真提供　千葉 格（カメラマン）

印刷・製本　凸版印刷株式会社

© Gengo SETA 2012 Printed in Japan
ISBN978-4-384-05698-3 C0084

R ＜日本複製権センター委託出版物＞
本書を無断で複写複製（コピー）することは、著作権法上の例外を除き、禁じられています。
本書をコピーされる場合は、事前に日本複製権センター（JRRC）の許諾を受けてください。
JRRC ＜http://www.jrrc.or.jp　e-mail: info@jrrc.or.jp　tel: 03-3401-2382＞